应用语言学基础及前沿问题研究

王小妹 著

吉林人民出版社

图书在版编目（CIP）数据

应用语言学基础及前沿问题研究 / 王小妹著. -- 长春：吉林人民出版社，2021.9
ISBN 978-7-206-18561-8

Ⅰ. ①应… Ⅱ. ①王… Ⅲ. ①应用语言学-研究 Ⅳ. ①H08

中国版本图书馆 CIP 数据核字（2021）第 197083 号

责任编辑：刘　学
封面设计：杜　婕

应用语言学基础及前沿问题研究
YINGYONG YUYANXUE JICHU JI QIANYAN WENTI YANJIU

著　　者：王小妹
出版发行：吉林人民出版社（长春市人民大街7548号　邮政编码：130022）
印　　刷：长春市昌信电脑图文制作有限公司
开　　本：710mm×1000mm　　　1/16
印　　张：11　　　　　　　　字　数：210千字
标准书号：ISBN 978-7-206-18561-8
版　　次：2021年9月第1版　　印　次：2022年3月第1次印刷
定　　价：58.00元

如发现印装质量问题，影响阅读，请与印刷厂联系调换。

前言

　　应用语言学是一门语言学理论应用在具体领域中的学科，它将理论与实践相结合，具有极强的应用性。虽然它着眼的是实践，但并不意味着它不涉及理论，在教学过程中也需要理论的支撑。它建立关于语言教学的理论与原则，主要是通过实验性研究实现的。与自然科学一样，它也会采用实验的方法，研究者通过自然观察与科学实验的方法对各种影响学生因素进行分析。

　　应用语言学的研究始终与时代发展的脚步相一致，其研究范围会越来越大，实践对它提出的问题也会越来越多、越来越新。同时，研究的跨学科性、开放性也会更加显著，研究者们将面临前所未有的困难。首先，研究者相关学科知识的匮乏已经严重影响了应用语言学的研究。一些对应用语言学研究感兴趣的教师往往因为自己的能力水平不高而力不从心，因而无法较好地开展应用语言学研究。其次，应用语言学是一门新兴学科，虽然它的理论已经相对稳定，但是随着教学的变化与时代的发展，其理论并未成熟，还有可拓展的空间，对于研究者来说，其任务将非常艰巨。应用语言学是一项系统性极强的工程，它为社会服务，所以其研究必须要与时俱进。这也要求研究者们要自觉吸收语言学及其他相关学科的知识，并将这些知识融合起来，从而实现应用语言学的跨学科研究。

　　应用语言学从其诞生起经历了一百多年的历史，随着教学中新问题的出现，应用语言学研究也出现了一些新问题。因此，对应用语言学的发展趋势、关键性问题、难题等进行研究是非常有必要的，这也就是对其前沿问题的探究。对此，笔者在前人研究成果的基础上，对相关内容进行了整理与分析，并结合自身的教学研究经验，在论述应用语言学基础理论的前提下，探讨了应用语言学的前沿问题。本书共分为八章，主要分为三个层面具体论述。第一，理论层面。介绍了语言、语言学与应用语言学的基础知识，梳理了语言的起源发展问题，揭示了语言的定义、特点、性质与功能，并解读了语言学的研究内容与方法；分析了语言学的定义、特点，总结了应用语言学的内容，揭示了应用语言学在学科体系中的地位，并梳理了中国应用语言学的发展历程。第二，研究方法层面。所有的研究都必须有一定的研究方法做支撑，应用语言学的研究也不例外，因此，本研究初步构建了应用语言学研究方法体系，该体系包括三个部分，分别为质性研究、实证研究与实验研究。第三，具体论述层面。对应用语言学前沿问题进行了仔细探究。对应用语言的理论问题、社会文化问题、语言教学研究问题、语言传播问题与跨学科问题进行了详细的探索。

  应用语言学兼顾理论与实践，其研究成果为语言教学提供了借鉴，在教学改革进程中，应用语言学的研究成果势必能为其提出诸多可行性建议，从而促进教学有效性的实现，促进学生学习质量与语言水平的提高。不过，由于时间仓促以及笔者水平有限，书中关于应用语言学的某些论述可能还不太严谨，甚至存在一些不当之处，恳请各位专家批评指正。

目录

第一章 语言与语言学 ································· 1
  第一节 语言的起源与发展 ····························· 1
  第二节 语言的定义、特点与功能 ······················· 7
  第三节 语言学的性质与学科分类 ······················ 14
  第四节 语言学的研究内容与方法 ······················ 18

第二章 应用语言学基础 ····························· 21
  第一节 应用语言学的定义及特点 ······················ 21
  第二节 应用语言学的范围 ···························· 24
  第三节 应用语言学在学科体系中的地位 ················ 31
  第四节 中国应用语言学的形成与发展 ·················· 34

第三章 应用语言学研究方法体系构建 ················· 40
  第一节 质性研究 ···································· 40
  第二节 实证研究 ···································· 49
  第三节 实验研究 ···································· 55

第四章 理论问题研究 ······························· 64
  第一节 交际理论 ···································· 64
  第二节 动态理论 ···································· 68
  第三节 中介理论 ···································· 72
  第四节 潜显理论 ···································· 81

第五章 社会文化研究 ······························· 84
  第一节 社会语言学基本概念阐释 ······················ 84
  第二节 社会语言学研究内容与方法 ···················· 89

第三节　社会文化理论研究 …………………………………… 92
　　第四节　语言在社会不同领域中的应用 ……………………… 95
第六章　语言教学研究 …………………………………………… 100
　　第一节　语言教学的性质与基本过程 ………………………… 100
　　第二节　母语教学研究 ………………………………………… 103
　　第三节　外语教学研究 ………………………………………… 107
　　第四节　特殊教育中的语言教学研究 ………………………… 117
第七章　语言传播研究 …………………………………………… 122
　　第一节　传播语言学概述 ……………………………………… 122
　　第二节　文学语言研究 ………………………………………… 127
　　第三节　媒体语言研究 ………………………………………… 135
　　第四节　语言符号研究 ………………………………………… 141
第八章　跨学科研究 ……………………………………………… 147
　　第一节　心理语言学 …………………………………………… 147
　　第二节　神经语言学 …………………………………………… 152
　　第三节　生态语言学 …………………………………………… 156
参考文献 …………………………………………………………… 166

第一章　语言与语言学

　　语言是人类最重要的交际工具。语言的主要功能为社会功能和思维功能，其中社会功能包括信息传递功能和人际互动功能。语言是思维的载体。人们借助语言保存和传递人类文明成果。语言是人类的创造，只有人类有真正的语言。许多动物也能够发出声音来表达感情或者在群体中传递信息，但只是一些固定的程式，不能随机变化。只有人类才会把无意义的语音按照各种方式组合起来，成为有意义的语素，再把语素按照各种方式组合成话语，用无穷变化的形式来表示各种意义。本章对语言与语言学的基础问题进行了分析与总结。

第一节　语言的起源与发展

一、对语言起源问题的认识

　　19世纪巴黎语言学会曾在章程中规定，不接受任何关于语言起源问题的报告。由此可见，语言起源问题的研究难度和当时对解决这一问题丧失信心的语言学家的心态。到了20世纪30年代，动物学家、考古学家、心理学家和计算机专家，开始进入语言学家放弃的学术领域，并取得了一些具有科学意义的进展。

　　从20世纪30年代到现在，有一批动物学家潜心研究黑猩猩的语言能力，发现黑猩猩不仅可以用动作和面部表情进行简单的交际，而且可以利用各种各样的声音交流信息。经过训练的黑猩猩，可以利用手势语或符号学习一些词汇，甚至可以创造一些新鲜的用法。比如，一只叫沃秀的受过9年训练的黑猩猩，见到一只鸭子，会自动把它命名为"水鸟"。在此之前，沃秀曾学过"水""鸟"这两个词。这说明像黑猩猩这样的猿类动物，在一定的条件下有可能发展出极为简单的语言能力。

一些考古学家通过测量古人类化石的脑容量来判断思维发展的水平，从而推断语言起源的相对年代。研究发现，晚期智人（旧石器时代晚期）的脑容量和现代人差不多，可能已经具有产生语言所需的思维水平。美国科学家利伯曼曾经利用计算机模拟属于早期智人的尼安德特人的发音系统，认为尼安德特人还无法清晰地发出［a］、［i］、［u］这三个最基本的元音。语言类型学家的研究表明，这些元音是有声语言不可能没有的，据此可以推测，尼安德特人还不可能掌握有声语言。晚期智人的发音器官有了较大的改善，有可能发出较为清晰的声音。

从人类社会的发展来看，旧石器时代延续了近300万年，在这漫长的时期里，人类社会的发展异常缓慢。但是，到了旧石器时代晚期，人类社会的发展步伐突然加快。这种突然加快的发展步伐，意味着这时人类获取了一种从未有过的魔力般的东西，这种东西很可能就是语言。

把这些不同学科的研究结果放在一起考察，形成当今人们对语言起源问题的新认识。有声语言产生在距今四五万年前的旧石器时代的晚期，也就是晚期智人时期。人类语言是长期进化的结果。在晚期智人之前，猿人或原始人已经可以用比黑猩猩的叫唤声更复杂一些的声音来交流信息。随着发音器官的不断进化和思维水平的提高，这些声音也逐渐清晰起来，并可以分解为更小的单位或依照一定的规则组合成语流，于是真正的语言也就产生了。人类语言由动物似的叫唤声进化而来，是依据现代科学提供的新资料做出的关于语言起源问题的新构想，而不完全是主观推测。当然这还不是最后的结论，随着科学的新发展和有关学科的综合研究，对这一科学之谜的解答会有新的发展。

二、语言起源的学说介绍

人类对语言的研究已经有很长的历史，但是关于语言的起源，至今没有确切的依据，经过人们一系列的探讨，出现了很多相关的假说。这里主要对几种比较普遍的说法进行介绍。

（一）神授说

语言起源的神授说出现最早，延续的时间也最长，从远古时期一直到十七八世纪。其实可以发现，神授说是在当时特定环境下产生的一种学说，当时的人们对客观世界的认识有限，因此其思想相对来说还比较封闭，这使他们总是将客观事物与神联系在一起，因此，神授说有着非常浓厚的宗教色彩。虽然从这个方面来说，该学说有一定的局限性，但是它也同时对人与动物进行了有效区分。不过，很明显，这种假说没有一定的科学依据做支撑，因此，很快就为人类所抛弃。

(二) 劳动创造说

语言是与人类社会、人类思维一同产生的；劳动为语言的产生提供了需求与可能。

1. 语言起源与人类起源紧密联系

语言和人类是同时产生的。人类的进化是一步步完成的，因此，语言的产生也经历了漫长而曲折的过程。语言发展变化的主要原因可以归结为以下几个方面：

第一，自然环境的变化。最初，类人猿是营巢而居的，随着自然环境的改变，他们也改变了生存方式，逐渐从树上移居到地面，同时过上了群居的生活。

第二，当类人猿学会劳动之后，其劳动的肢体获得了分工，前肢主要被用来获得一些生活资料，而后肢则被用来直立行走，这种明确的区分也让猿到人的发展迈出了重要的一步。

第三，当类人猿对客观世界认知加深以及劳动社会获得不断发展，他们在劳动过程中制造出了工具，虽然这些工具并不是真正意义上的劳动工具，但它依然对为人类以后制造工具打下了基础。

此外，劳动工具的产生与人类思维活动是紧密联系的，在劳动过程中，人类的思维获得了发展，同时，促进了语言的发展。可见，语言是在人类劳动过程中产生的。

2. 劳动决定了语言产生的需求

类人猿在很多方面比一般的动物优秀，主要体现在他的聪明敏捷上。尽管他们要比其他一般的动物有智慧，但是毕竟当时的环境非常恶劣，其生存非常艰难，个体独立生存几乎不可能，因此，类人猿主要过着群居的生活。

类人猿为了生存总是会在地面上积极活动，久而久之，其便形成了自己的社会，可以说，它们就是一种带有社会化属性的动物，而它们所进行的活动也并非没有实际意义，从本质上来说，这些活动已经是能够对客观世界产生影响的活动，这就是劳动。在共同劳动的过程中，类人猿逐渐意识到这样一个问题：必须要集所有人的智慧去完成劳动。因此，为了方便他们交流劳动方法，语言就慢慢形成了。因此可以说，语言的产生与人类劳动的需要有关。

3. 劳动为语言的产生提供了可能

语言的产生仅有共同劳动这个客观条件是不够的，还需要能说话的主观条件，这种主观条件也是在劳动中产生的。语言是声音和意义相结合的符号系统，要使语言的产生成为可能，就必须有足够的声音材料和意义要素。声音材料来自完善的发音器官，意义要素来源于能进行抽象思维的大脑。而对于原始人来说，这些声音材料和意义要素主要来源于劳动。劳动不仅对于原始人获取声音材料有很大的帮助，而且能促进人类发音器官的进化和思维的产生，这就使语言必需的声音材料与意义要素得到了完善。

通过分析可以知道，劳动促进了语言的产生，不仅满足了语言产生的需求，而且为其产生提供了多样的客观条件。因此，必须承认，语言源自劳动。

（三）约定说

在约定说看来，语言是原始人一起商量之后产生的结果。在没有语言之前，原始人在生活中共同形成了一种契约，就是在这种相互约定的过程中对事物的名称予以规定，这样语言就出现了。不过，这里必须指出的是，该假说并不符合逻辑，因为没有语言这个交际工具，原始人又怎么去共同约定事物名称呢？而且，约定说还对意识与语言的先后顺序进行了确定，在该学说看来，意识的存在是先于语言的，很明显，这一说法是不正确的。不过，如果从其他层面来看，该学说又有一定的合理性，比如，它揭示了语言的本质特性——社会约定性。

（四）拟声说

依据拟声说的观点，语言的形成源于人类对自然声音的模拟。原始人听了自然界的声音，就模仿这些声音来称呼相对应的事物，于是便产生了语言。不仅很多外国的学者持有这种观点，我国也有很多学者表示赞同。但是这种假说是不对的，其原因有以下几点。

（1）单纯的拟声词不能构成语言。

（2）自然界中的声音千奇百怪，几乎没有完全一样的。因此，要模仿这些声音，人类自身必须具备比较灵活的发音器官，而原始人的发音器官还没有进化完全，不可能灵活自如地发出各种声音。

（3）倘若语言真的源自拟声，那么，从读音层面上来看，世界上所有的语言都应该是一样的，但是我们知道，现实情况并非如此。

（4）拟声只是一种造词方法，虽然语言的起源与发展也会受到造词方法的影响，但毕竟造词方法与起源还是存在显著差异的，二者根本就不是一回事。拟声能对个别词的来源进行阐释与说明，而语言起源主要说明的是两个问题，一个是语言是在什么时候产生的，另一个是语言是怎样产生的。

（5）在客观世界中，不是所有事物和概念都有声可拟，绝大多数是没有的。因此，在语言中，拟声词是极少数的，它并不能代表所有的语言。可见，这种假设不能解释绝大部分的语言现象。

三、语言的发展

（一）语言要素促进语言的发展

语言要素内部因素的相互影响。例如，现代汉语的"红"和"白"虽有一定的联系（如"红白喜事"），但并非相反或成对；但当"红"发展出象征"革命"的意义时，"白"也相应地发展出象征"反动"的意义，如"红军""白军"等。在这个意义上，"红"和"白"成了一对反义词，这是词汇体系内部各个因素相互影响的例证。

语言各个要素之间的相互影响促进了语言的发展。语言各要素之间既相互联系，又相互制约。当其中一个要素发生变化时，其他要素也会受到影响而发生变化，其局部变化会引起一系列的连锁反应，进而推动整个语言系统的发展。例如，语音的变化会引起词汇的变化。古代汉语单音节词占优势，单音节词之间都有区别，如"机—基""交—骄""尖—艰"等，每个词的读音都是不同的，后来由于浊音清化、辅音韵尾消失等变化，语音趋向简化，同音词大量增加，使语音符号的区别性逐渐模糊，给交际活动带来了困难。为了解决这一困难，汉语中出现了大量的双音节词，例如"基本""机能""交际""骄傲""尖锐""艰巨"等。

语音的变化引起了词汇体系的变化，词汇的变化又带来了语法的变化。随着双音节词的产生，一个词内部两个成分之间的关系出现了一些问题，如轻音、儿化、变调以及某些实词的词缀化等，词汇变化引起语音、语法的变化，从而使汉语面貌发生了很大改变。语言系统就是在这些语言组成要素的变化过程中发展着。另外，语义的变化也会影响语法，使其发生变化。例如，汉语的"着""了""过"原本都是实词，但后来它们的词义虚化，由实词变成了虚词。

（二）社会发展推动语言发展

语言属于历史范畴，它处于不断发展变化之中。语言是人类交际的基本工具，它源于劳动，可以促进人类社会的发展。正是由于这种属性，语言的发展与社会的发展息息相关，可以说，社会的发展承载着语言的发展，社会的发展是语言发展的基本条件。

1. 社会与语言的分化统一

语言的发展与社会的发展相互联系、密不可分，语言的发展促进社会的发展，同时，社会的发展方向也会影响语言发展的方向。例如，社会分化，就会导致语言的分化，社会统一又会要求语言统一。因此，社会的分化和统一自然而然就推动了语言的分化和统一。语言是全社会的交际工具，当某一社会走向分化时，这个社会各个部分之间的交际自然会减少，甚至停止。经过一段时期之后，各个群体的人们所使用的语言就会产生差异，由此开始分化，逐渐形成不同的语言或方言。

分化的社会在交际需求的影响下也会走向统一，而社会的统一也会促成语言发展的统一。

语言发展的过程主要有两个，一个是分化，另一个是统一。这两种情况往往与社会发展的情况相一致，也就是说，当社会处于分化状态时，语言也会分化，而当社会处于统一状态时，语言也会统一。统一与分化之间有着某些联系，但这并不意味着二者有着必然的联系。

2. 社会推动思维发展，促进语言发展

人类思维随着人类社会的发展而发展，社会的发展使人类的思维日益精密，而思维的发展又会对语言系统的进步产生推动作用。因此，思维对语言的影响也是社会对语言的间接影响。具体表现在以下两个方面。

第一，思维在一定程度上促进了词语语义的发展。一开始，人类对客观世界的认知只是存在于表面，这导致其总是运用具象思维来描述事物，而随着社会的不断发展，人们对语义在很多方面有了一些新的认识，同时其思维也开始向抽象化发展。正因如此，不少词语的语义开始悄然发生变化。

第二，在思维获得不断发展的同时，语法也获得了不错的发展。人类的思维发展与客观世界的发展有关，客观世界的不断变化让人们对其总是能产生新的认知，在一步步深入认识世界的过程中，人类的思维变得更加严谨、精密，这在一定程度上促进了语法结构的完善与发展。

第二节 语言的定义、特点与功能

一、对"语言"术语的争论

在语言学领域,作为科学术语的"语言"向来缺乏共同的、严格的科学规定。事实上,语言学研究者们从来就没有停止过对"语言"这个术语的争论,他们在理解上存在的重大分歧。

从古希腊一直到现在,历代研究者都尝试从自己的研究角度、观点和方式,从各个层面提出"语言"这一术语的定义:有些研究者注重语言的宽泛概念,给出了关于语言的通俗解释;有些研究者强调语言的功能,尤其注重解释语言的某一个专业方面的特征;有些研究者则关注语言与人类、动物、机器等的关系;有些研究者则将语言与社会、阶级、思维、神经等融为一体。我们现在所接触到的一些语言学论文、著作或教材大多对"语言"这一术语的定义采取了回避或迂回的态度:要么假定"语言"是尽人皆知的术语,无须赘言;要么就对"语言"做出外围的解释,即形式的描写、功能的认知或者特性的判断。

由于这样一个现状的存在,当我们谈及语言,就不能够也不应该理直气壮地或理所当然地回避"语言"这一术语的界定问题。更何况对于普通语言学研究的有效性而言,这个术语的界定是根本的理论保证和方法论的基石,这个术语定义的一贯制则是普通语言学研究的生命线。

那么,"语言"是什么?提出这样的问题迄今仍然不能不算是一种诘难!

对于普通语言学而言,给出"语言"的定义是至关重要的。那么,我们怎样才能够以最清晰、最贴切的方法,拒斥暧昧的、朦胧的言说,避免主观的、任意的判断,从而获得客观的、科学的分析呢?从理论上分析,与任何科学术语的定义一样,"语言"的定义必须满足以下四个条件:

第一,要真实地反映语言的客观实在。

第二,要反映语言学对语言的科学理解。

第三,要和语言学中的其他术语有明确的分工,在语言学的术语体系中占有确定而独立的地位。

第四,能够得到语言学术语体系内部的完整性证明和语言科学研究实践的真实性证明。

因此，就语言定义本身而言，不在于它是否可以得到当下大多数研究者的接受，也不在于它能否与当前的名家或大家的观点一致，更不在于它是否会给传统的理解模式带来困难或障碍，关键在于它能否满足以上四条标准性条件，并顺利通过它们的鉴定。唯其如此，"语言"的定义才会是有价值的，无疑也将是结论性的。

二、语言的定义

（一）从动态与静态的层面界定语言

要想知道什么是语言学，首先要了解什么是语言。语言是我们身边再正常不过的现象了，很多人对于语言的理解就是"人们平时所说的话"，也有的人说"语言是人与人之间沟通交流和信息传递的载体"，还有人说"语言就是我们书写的文字和口头的言语相结合的产物"，那么，语言到底是什么呢？

对于一般人来说，平时说的话就是语言，但是从学术研究的角度来看，说话虽然和语言有着密不可分的关系，但是却有着千丝万缕的差别。说话是一种多重性的复合活动，它至少包括三部分内容：一是发出张口说话的动作，也就是发音的过程；二是说话所用的代码，包括语言符号及其组合的规则等，如同一句话用汉语、英语、法语来说，其词汇用法、语法规则不同，代码也不同；三是说出来的话。语言作为一个符号系统，毋庸置疑是人类最重要的交际工具，从这一点上思考，就已经涉及语言的静态和动态问题了。因此，为了更加明确什么是语言，我们可以从动态和静态两个方面加以分析。

1. 语言的动态含义

语言是不断发展变化的，它的动态含义可以从两方面理解。首先是就它的历史发展而言，语言符号系统的内容从一个历史时期到另一个历史时期肯定会发生变化，这种变化是一种语言的动态表现形式，如语言符号系统中所含元素数量的变化，元素内容的变化以及组合关系和聚合关系的变化等，这种变化往往需要通过对比两个不同历史时期的语言系统才会发现；另一种理解就是从语言的共时平面入手，在某一共时平面上，人们运用语言进行思维与交际，这种对语言的使用以及使用的结果也被认为是一种语言的动态表现形式，它的突出特点是由概括的语言符号进入具体的言语交际中，从而形成了运用语言的各种形式和结果。

2. 语言的静态含义

静态是跟动态相对而言的，所谓静态，就是把语言放在共时平面分析，在某个共时平面内，语言作为一种概括的符号系统就是语言的静态存在形式，它概括了这个历史时期的语言系统中所有的元素以及元素在这一历史时期的具体内容和元素与元素之间的相互关系。

（二）从属性上界定语言

人们对语言的研究，会随着语言自身的发展变化、人们对语言认识的深化，以及不同时期、不同学派的看法的变化等，不断注入新的思想、产生新的变化。也正是因为这样，人们至今没有对语言形成一个清晰而公认的定义。

一直以来，不少语言学家都没有停止过对语言的研究。通过对语言研究成果的分析，可以发现，关于语言的定义问题，一直都没有得到解决。不过，可以从属性上对语言进行界定：语言具有社会属性，是社会活动，不仅是人类进行社会交际的工具，而且是承载文化信息的音义结合的符号系统。

这个定义可以从以下四个方面来进行分析。

（1）语言是由词汇和语法构成的一个符号系统，在它的组成部分中，每个成分都是由声音和意义两个方面共同组成的。

（2）语言是人类独有的，其他动物没有语言，它们的交际方式与人类的语言有着本质的区别。

（3）语言不是社会现象，是自然现象，有其自身的特殊性。

（4）语言是人类的交际和思维活动离不开的重要工具和载体，同时，用于交际和思维活动也是语言的基本功能。

三、语言的特点

（一）符号性

用甲事物代表乙事物，而甲乙两事物之间没有必然的联系，甲事物就是代表乙事物的符号。其中甲事物就是符号的能指（形式），乙事物就是符号的所指（内容、意义）。符号的能指与所指之间的关系是人为约定的。例如，作为交通信号的红绿灯，红灯代表禁止通行，绿灯代表允许通行，但红灯、绿灯与它们所代表的事物"禁止通行""允许通行"之间没有必然的因果关系，它们之间的关系是人为约定的。如果甲事物与乙事物之间有必然的因果关系，甲事物就不是乙事物的符号。

语言中的词语就是一种符号，具有符号的特征。语言是用声音即语音来代表意义即语义的，语音和语义之间没有必然的联系。并不是某个声音必然要表示某种意义，或某种意义必然要用某种声音来表示。语音和语义之间的关系是人为约定的，是由使用这种语言的社会成员约定俗成的。

（二）社会性

语言是一种社会现象，具有鲜明的社会性，这一点我们从语言与社会的依存关系上就可以看出。

1. 语言依存于社会

语言是随着人类社会的产生而产生的。语言和言语能力是人类特有的，动物虽然也有自己特定的交际方式，但跟人类的语言有着本质的区别。大量的科学实验也提供了只有人类才有语言的证明。人们通过对猩猩、蜜蜂交际方式的研究发现，在它们的语言中不能分析出明晰的单位，音义结合大都是自然的，而且都是对情景刺激的感性反映，这种反映是与生俱来的，并不是后天习得的。总之，所谓动物的语言，缺少构成语言的基本条件，因此不能称之为语言。语言随着人类社会的产生而产生，为人类所独有，也必然随着人类社会的发展而发展，随着人类社会的消亡而消亡。社会的发展对语言的发展所起的巨大作用是十分明确的。社会集团的扩大，语言的服务对象和应用范围也随着日益扩大。社会分化和统一，语言也必然随之分化和统一。社会间的相互接触，也会使不同语言相互受到影响。即使在同一个社会里，社会的发展、制度的变更、思想意识的改变，都会促使语言系统中的词汇越来越丰富、语法结构越来越精密。

2. 社会不能没有语言

不但语言的存在和发展要受到社会的制约，社会的存在和发展也要受到语言的制约。首先，有了语言，人的祖先才能成为人，才能组成人类社会。有声语言在人类历史上是帮助人们从动物界划分出来、结合成社会、发展自己的思维、组织社会生产与自然力量作胜利斗争并达到我们今天所有的进步的力量之一。我们从没见过没有社会而能有社会生活的情形，即使是在当今最落后的原始部落。人类的社会生活不仅仅是朴素的群居，动物也有群居的本能，但它们却没有社会生活。社会生活是人类改造自然、共同创造劳动的工具、共同生产的生活。即便是两个人，没有语言作为彼此了解和交流思想的工具，无法协调劳动，生产活动就会停顿。因此，语言是维系整个社会的纽带。其次，语言也是推动社会发展的不可缺少的重要力量。语言帮助人们掌握先人或别人的思维成果，帮助人们掌握世世代代积累下来的劳动经验并加以发展。语言作为交流思想的工具和思维工具，帮助人们进行生产劳动，改造社会，改造自然，发展文化，传授知识。可见，社会的生存和发展一时一刻也离不开语言。

(三) 系统性

1. 语言是由子系统构成的一个复杂系统

语言内部的构成要素有语音、语义、词汇、语法。这些要素有机结合，就构成了语言这样一个大的系统。

2. 各要素分别有各自的子系统

语言的各个要素尽管是紧密结合在一起的，但是仍然有各自相对独立的内部的系统，相对于语言这个大系统来说，也就是各有各的子系统。

(1) 语音系统

语音系统的元素数量相对较少，一般分为元音和辅音两大子系统，各由若干个音位组成；元音和辅音又可结合成为音节，构成更高一级的使用单位；音高、音长、音强等因素则构成了语音的超音段成分。

(2) 词汇系统

每种语言中的词语有数千到数十万之多，看起来似乎是一盘散沙，但它也有自己的内部系统。词语之间有分工、有联系、有层级，各个词语都是作为系统内部的一员而存在的。

(3) 语法系统

语法包括词法和句法两部分。词法是词的结构和变化的规则，句法是用词语构成句子的规则，词法和句法内部又可分为若干子系统。各种规则相结合，构成了语言的语法系统。

(4) 语义系统

语义是语言的意义内容，而意义的范围涵盖着客观世界和主观世界中的万事万物；这些万事万物都是有联系的，反映这些事物的语义之间自然也是相互联系的。如果我们说自然和社会、客观世界和主观世界构成了一个人类观念中的大系统，那么它们在语言中的反映——语义，自然也会构成一个系统。只不过这个系统太过复杂，所以对语义系统性的研究只能算刚刚起步。

四、语言的功能

(一) 交际功能

语言是交际工具，是在社会各种活动领域内借以形成协作关系的必要手段。充当交际工具是语言的基本职能。在人类社会生活的每一个角落，每时每刻都有人与人之间的语言交流。世界上任何一个地方的人，都具有自由地运用本民族语言进行交际的能力。在人类长期的进化过程中，直立行走、手脚分工、制造工具、组成社会等重大的发展步骤，使人类的祖先不但在维持生存的劳动中锻炼了大脑、改造了发音器官，而且产生了组织、协调、交流思想感情的需要。人类的语言交际就这样出现了。当人类具备了语言交际能力之后，它便通过遗传因素潜存在每个新生婴儿的体内，并在随着婴儿逐渐成长而进行的语言交际学习过程中，得到全面、完整的实现。

人类的交际工具除语言外还有手势、身势、文字、电码、数学符号、各种标志等，但这些交际工具都是从属性、辅助性的，或者只是语言的代用品。在人类各种交际工具中，只有语言是最根本的、不可缺少的。现代信息科学的发展证明，语言信号在信息量和准确性方面远远高于其他交际方式，语言是一种最有效、最直接、最重要的交际工具，而姿态信号等只能表达一定的感情和简单的意思。语言是人类最重要的交际工具。

交际是语言最基本的职能，语言的其他社会功能都是从交际功能中发展出来的。语言的交际功能是否成立，取决于该语言所服务的社会。社会的进步、生产力的发展，决定了语言交际功能的充分发挥。这时，标志先进生产力和生产关系的某种语言的生命力就会越来越强——从小语种（就其使用人数而言）变成大语种，大语种会变成世界性的国际语言。如果存在于某一社会的某种语言由于种种原因，丧失了交际功能，那么这种语言的生命力也就随之枯竭了。语言的交际功能具体表现在使用语言的个体身上，并随着个人用于交际的语言的变化而出现相应的状态改变。与人群隔离、长期孤独生活的人，他的语言能力会逐渐衰退。只身久居异国的人，思考问题乃至睡梦中使用的语言会逐渐被当地的语言代替；方言区的人到北京工作，在家里说方言，在工作单位说普通话，往往也会觉察自己在用方言考虑日常生活中的事情，用普通话考虑工作中的问题。

总之，在人类所使用的各种交际工具中，语言是最根本的、最重要的交际工具，而语言的交际功能则是语言生命力之所在。

（二）标志功能

不仅每一个民族都有其自身独特的语言，即使在一个民族地区内部，甚至在一个不同社团中，也会形成不同的语言。好像人们一开口，别人就能知道他来自哪里。在社会人际交往中，人们也会形成自己的语言习惯，每个人的习惯都是不一样的，因此，我们是可以通过其语言习惯对这个人形成逐步的认知，这就是语言标志功能的体现。

语言的作用是巨大的，它能将同一个民族、地区、社团中的人们联系起来，这是因为在民族、地区、社团内部，人们使用的是同一种语言，如果他们不使用同一种语言，那么，就会因为听不懂对方的语言造成不必要的误会。相反，如果一个外族人、外地人或其他社团的人使用听话人的语言与其交际，那么，他就很有可能获得听话人的好感，从而保证交际的有效进行。

（三）感情功能

感情功能用于传达语言使用者的感觉、喜好、偏见以及价值观。感情功能可以左右听众的情绪，使之拥护或反对某人或某事，因此它是语言强大的功能之一。

感情功能可以是个人的，不需要和他人进行交流。例如，手不小心被挤到，人会喊痛。一些感叹词也完全可以是个人对自身的一个反应，不需要与别人交流。当然，这些词语也可以用于群体间的相互反应，以此来加强互相间表达性语言的使用，从而巩固他们之间的关系。

（四）娱乐功能

语言的娱乐功能经常会被忽略，很多人认为娱乐是语言的一项极其单一的作用，但我们不能否认的确有为了纯粹娱乐而使用语言的情况。例如，在我们看来孩童口中毫无实际意义的哼唱，他们却觉得非常有趣；著名影片《刘三姐》中对歌的情景，参与者用语言进行游戏而获得乐趣。

（五）心理功能

心理调节功能也是语言的一个主要功能。语言的心理调节功能主要表现在以下三个方面。

1. 调节注意力

注意力是一种心理品质，它会受很多因素的影响，语言便是其中一个比较重要的影响因素。这种影响体现在语言能够调节人们的注意力上，在相关语言的提示之下，人们可以将自己的注意力聚焦起来，从而专心致志地进行交际。

2. 调节情绪心态

语言还能调节人们的情绪心态。比如，当一个人非常害怕时，如果另一个人能够给他一些适当的言语安慰，那么，就能在一定程度上减少其恐惧感。此外，语言还能帮助人们纾解自己的不良情绪，人们在社会上生存，总是会遇到一些不如意的事情，而当处于郁闷、痛苦中时，其如果能够大声呼喊或者向他人倾诉，那么，其不良情绪就会获得一定程度上的纾解。

3. 调节行为动作

通常，人们的行为动作是受其心理驱动而产生的。语言通过对心理的调节而对人们的行为动作起到调节作用。语言在调节行为动作上的作用，无论是对儿童还是成人都有所体现。

首先，语言对儿童的行为动作具有很大的调节作用，这与他们使用外部语言进行思维有关。例如，当小孩靠近火时，大人如果说"烧！烧！"，他（她）就会远离火，以后看见火时，就会自动避开。

其次，语言还能对成人的行为动作进行调节。比如，人类制定的各种社会规范与法律制度都可以对人们的行为进行规范。

第三节　语言学的性质与学科分类

一、语言学的性质

（一）任意性

任意性这一概念最早由索绪尔（Saussure）提出，任意性是指语言符号的形式和意义之间没有自然的联系。例如，人们无法解释为什么"一本书"会读作"a/buk/"，"一支钢笔"会读作"a/pen/"。此外，语言的任意性还有着不同的层次。

1. 语素音义关系的任意性

很多人认为，象声词不属于语言任意性特征的体现。象声词是指一个词是靠模拟自然声响而形成的。例如，汉语中的"叮咚""轰隆"等。它们的形式似乎建立在天然的基础之上。但事实上，用不同的语言来描写同一种声音，其表达方式是不同的。例如，英语中的狗叫是"bowwow"，而汉语中的狗叫则是"汪汪汪"。因此，象声词与语言任意性有一定的联系。

2. 句法层次的任意性

系统功能语言学家认为，在句法层面上语言是非任意性的。所谓句法是指根据语法组成句子的规则。句子成分的排列顺序要遵循一定的规则，句子成分的顺序和事件真实的顺序有一定的对应关系。也就是说，句子的任意程度低于词语，可以在下面几个句子的顺序关系中进行比较：

（1）He came in and sat down. （他进来坐下。）

（2）He sat down and came in. （他坐下进来。）

（3）He sat down after he came in. （他进来后坐下。）

阅读完（1）句后，读者可以很容易地排出两个动作的先后顺序；当读到（2）句时，读者会按与实际情况相反的顺序来理解——也许他是坐上轮椅再进入房间；而在阅读（3）句，一个 after 调换了两个分句的顺序，也明确了动作的顺序。因此，功能学家认为语言中严格意义上的任意性只存在于对立体中具有区别性的语音单位里，如成对词语 fish 和 dish，pin 和 bin 等。

3. 任意性与约定性

通过以上分析可知，语言符号的形式与意义之间的关系是约定俗成的，即具有约定性。而任意性的反面就是约定性。作为英语学习者，学生经常会被教师告知某一说法是一种约定俗成的说法，即使它听起来有些不合逻辑，但是却不可以对其做任何改动。通常这种情况需要学习者格外注意。任意性使语言具有潜在的创造力，而约定性又使学习语言变得艰难和复杂。

（二）二重性

语言的二重性是指语言具有两层结构，上层结构的单位是由底层结构的元素组成的，每层结构有着各自的构成原则。

一般来说，话语的组成元素是本身不传达意义的语音，语音的唯一作用就是相互组合构成有意义的单位，比如词。人们把语音称为"底层单位"，与词等上层单位相对立，底层单位没有意义，而上层单位有独立明确的意义。二重性只存在于既有底层单位又有上层单位的语言系统中。许多动物用特定的声音进行交际，这些声音都能表达相应的意思。但是，动物交际系统不具备人类语言独有的区别性特征——二重性。正因如此，从人类角度来看，动物的交流能力受到了很大的限制。

说到二重性就必须注意语言的层次性。在听一种不懂的外语时，人们会认为说话者流利的话语是持续、不间断的语流。但事实上，任何一种语言都是有间隙的。对一种新的语言进行解码，首先要找到它的单位。音节是话语的最小单位。音节之间的结合可以构成数以千计的语义段，也就是词的组成部分，其被称为"语素"，如前缀 trans-，后缀 -ism 等。有了大量的词，人们就可以组成无数的句子和语篇，进而表达更多的意义。

总之，语言的二重性对于人类语言发展而言有着巨大的能创性。人们仅用为数不多的几个元素就可以创造出大量的语言单位。例如，一套语音系统（如英语的 48 个语音）可以产生大量的词，运用这些词又可以产生无穷的句子，不同句子的有机组合又能形成不同的语篇。

(三) 创造性

语言的二重性和递归性使语言具有无限变化的潜力，利用语言，可以产生各种新的意义，这就是语言的创造性。很多例子能证明，借助不同的表达方法词语能表达出新的意思，并且没有使用过这种方法的人也能准确理解这个词的意思。这种能力正是使人类语言有别于动物那种只能传递有限信息的交际手段的原因之一。

但如果仅将语言看成一个交流系统，那么语言也就不是人类所独有的了。我们知道，虫、鸟、鱼、狗及其他动物都能通过某种方式进行交流，只是它们所传达的内容极为有限而已。语言的创造性来自它的二重性。语言的二重性使说话者通过组合基本的语言单位就可以创造出无限多的句子。多数句子可能连说话人自己都没有听过，也没有说过。

另外，语言的创造性还体现在它可以产出无限长的句子。语言的递归性为这种可能性提供了理论基础。例如，下面的句子可以被无限地扩展下去：

She bought a book which waswritten by a teacher who taught in a school which was known for its graduates who...

(四) 移位性

移位性是指语言使用者可以用语言来表达不在交际现场（时间和空间上）的物体、事件及概念。例如，人们可以就秦始皇的所作所为畅所欲言，尽管秦始皇是公元前二百多年的人物；人们可以谈论南极的气候，尽管南极遥不可及；人们也可以说"明天有暴雨"，虽然明天实际上还没有到来，这就是语言的移位性。

显然，动物的"语言"不具备这一特性。白蚁在发现危险时，会用头叩击洞壁，通知蚁群迅速逃离；蜜蜂在发现蜜源时会摆动自己的尾巴，并通过这种"舞蹈"向同伴报告蜜源的远近和方向。但这些都必须发生在同一时间和空间中，一只狗不可能告诉另一只狗"昨天主人不在家"或是"去年的夏天真热啊"。可见，只有人类的语言可以打破时间和空间的约束，体现出移位性的特征。

二、语言学的学科分类

在对语言学的分支学科进行分类时会遇到这样的困难：从不同的角度分出来的类彼此有交叉关系。在同一个维度上分类最好采用统一的参照标准。

（一）从具体研究对象上划分

从具体研究对象看，可分为个别语言学和普通语言学。个别语言学以某一种语言或方言，或者以一种语言或方言的一部分为研究对象。例如，对汉语的研究，形成汉语语言学，对俄语语音的研究，可称为俄语语音学。普通语言学是以人类自然语言为研究对象，探索人类各种语言共有的性质、结构与功能，揭示各种语言的普遍规律的一门学科。

（二）从时段上划分

从时段分，有共时语言学和历时语言学。共时语言学是以语言历史发展中某一个阶段为横断面进行剖析的。例如，现代英语、古代英语都是共时语言学。历时语言学是以语言发展的历史为对象，研究语言在不同历史阶段上的演变情况的。例如，对英语历史的研究，对汉语语音史的研究，对人类语言发展趋向的研究等。

（三）从研究的方法上划分

从研究的方法看，可有比较语言学和描写语言学两种类别。比较语言学可以是一种或几种语言的历时比较研究，亦可是若干语言或方言、若干语族之间的共时比较研究，如英汉语法比较研究等。所谓描写语言学是以语言的某一共时断面的相对静止状态为分析描述对象的，如现代英语语法研究等。

（四）从研究对象所处的状态上划分

从研究对象所处的状态看，可分为静态语言学和动态语言学。静态语言学以静态的语言符号系统为研究对象，主要是研究这种语言系统内部的构成要素，并分别对它们进行共时的分析和描写。动态语言学以动态的言语交际为研究对象，它把语言当作一个开放的动态系统来研究，研究它的发展演变，研究它处于交际中的运动状态，研究它的转换生成以揭示人的语言能力，研究人们怎样使用语言，等等。

以上简述的语言学类别，只是相对的、从不同角度进行的分类。在实际的研究应用中，一般是相互交叉的。

第四节 语言学的研究内容与方法

一、语言学的研究内容

简言之,语言学是研究语言的科学。它的研究内容包括语言的内部结构、语言的社会功能、语言的运用、语言的发生以及语言的历史发展等方面。由于语言本身以及它和其他自然现象、社会现象的关系,人们可以从某一部分、某一角度出发,对其进行局部的或者整体的、分析的或者综合的、微观的或者宏观的研究。同一语言现象,在研究方法和研究目的上不同,也会有不同的结果。这就使得语言学这个领域日益开拓和发展,产生了许多分支学科。语言学这块园地百花争艳,硕果累累,特别是引进了现代科学技术,语言学的一些学科正在朝精密化、现代化的方向发展。

每一种自然语言(与自然语言相对的是人工语言),如汉语、英语、俄语,都可以作为语言学的研究对象;每一种语言大体又可分成若干部分,每一部分也可作为专门的研究对象,如研究语音的音位学、实验语音学等。另外,从方法上看,可以用描写的方法研究某一断代(某一段具体的历史时期)的语言的形态结构,即描写它的固定状态,称为描写语言学;也可对语言的发展进行历史的研究,探索它的演变和发展规律,这种学科称为历史语言学;将两种以上的语言进行历史的比较研究,探索其演变规律和它们之间的亲缘关系,这种学科称为历史比较语言学。此外,根据语言学和与之有关联的学科的发展,从特定的需要出发,研究语言与其他边缘关系的学科也日益兴起,如心理语言学、社会语言学、神经语言学、认知语言学,等等。科学技术的发展,特别是电子计算机的出现,向语言学提出了新的课题,要求对语言进行程序设计,编制成数学语言,适应计算机的需要,这就为语言学的现代化开拓了道路。在这些学科之上还有一门综合的理论性的语言学,那就是普通语言学。它的任务是综合各种语言的基本研究成果,探讨诸语言的共同问题及其规律。它的水平与成就有赖于具体语言学的发展,反过来,它的丰富与发展又有助于人们认识和发展具体语言学。

语言学由于语言本身的特殊性质,在科学体系中占有重要地位,被称为"一门领先的科学"。它既与社会科学有紧密的联系,也与自然科学有紧密的联系。当代许多新兴科技问题都需要语言学的协作才能解决,如语音的分辨与合成问题，提高通信效果的多余信息压缩问题，深水、外层空间的对话以及通信保密的问题，还有机器翻译、人机对话等问题，都成了语言学中的专门课题。语言学是一门古老的科学，又是一门年轻的科学，更是一门有着广阔发展前途的科学。

二、语言学的研究方法

（一）归纳法

通常把归纳定义为从个别前提得出一般结论的方法，即依据一类事物中某些个别具有或不具有某种属性，并且已知该种属性与个别事物所属类某必然属性有必然联系，从而得出该类具有或不具有该种属性的方法。

依据这个定义，它包括简单枚举归纳法、完全归纳法、科学归纳法、穆勒五法、赖特的消除归纳法、逆推理方法。

（二）演绎法

演绎法是从普遍性结论或一般性事理推导出个别性结论的论证方法，是演绎推理在议论文中的运用。在演绎论证中，普遍性结论是依据，而个别性结论是论点。演绎推理与归纳推理相反，它反映了论据与论点之间由一般到个别的逻辑关系。

演绎推理的主要形式是3段论，即大前提、小前提和结论。大前提是一般事理；小前提是论证的个别事物；结论就是论点。用演绎法进行论证，必须符合演绎推理的形式。但在写作时，根据文章表达生动简洁的要求，对3段论推理过程的表述可以灵活处理，有时省略大前提，有时省略小前提。

运用演绎推理，作者所根据的一般原理即大前提必须正确，而且要和结论有必然的联系，不能有丝毫的牵强或脱节，否则会使人对结论的正确性产生怀疑。

假说演绎法是形成和构造科学理论的一种重要思维方法。它的基本特点是：在科学研究过程中，研究者在观察、实验的基础上，对所获得的事实材料进行加工制作，首先提出某种作为理论基本前提的假说，然后以假说作为出发点，逻辑地演绎出可由经验检验的结论，构成一个理论系统。用这个理论系统解释和预见所研究对象系统的各种现象，并用实验来进行检验和修正。

（三）溯因法

溯因法或溯因推理，是推理到最佳解释的过程。换句话说，它是开始于事实的集合并推导出它们最合适的解释的推理过程。

演绎和溯因的区别在于推理中使用"a 蕴含 b"这种规则的方向（与归纳的比较请参见归纳与演绎的关系）。

演绎允许推导 b 作为 a 的结论，换句话说，演绎是推导已知事物的推论；溯因允许推导 a 作为 b 的解释，溯因同演绎反向。溯因是解释已知事物的过程。在罕见的场合，使用表达"解释结论"而不是"解释"来指名溯因过程的结果。

（四）语料库方法

在语言研究中，语料库方法是一种经验的方法，它能提供大量的自然语言材料，有助于研究者根据语言实际得出客观的结论，这种结论同时也是可观测和可验证的。在计算机技术的支持下，语料库方法对语言研究的许多领域产生了越来越多的影响。各种为不同目的而建立的语料库可以应用在词汇、语法、语义、语用、语体研究，社会语言学研究，口语研究，词典编纂，语言教学以及自然语言处理、人工智能、机器翻译、言语识别与合成等领域。

语料库与自然语言信息处理有着相辅相成的关系，大规模语料库是用统计语言模型方法处理自然语言的基础资源。然而统计语言模型本身并不关心其建模对象的语言学信息，它关心的只是一串符号的同现概率。譬如 N 元语法模型，它只关心句子中各种单元（如字、词、短语等）近距离连接关系的概率分布，而对于许多复杂的语言现象，它就无能为力了。在统计语言建模技术最先得到成功应用的自动语音识别领域，语料库的开发和建设受到格外的重视，标注语料库成为不可缺少的系统资源，就是因为，要想改进 N 元语法的建模技术，必须利用语料库引入更多的语言特征信息和统计语言数据。同样，在书面语语言信息处理领域里，语料库提供的语言知识也越来越多地用在统计语言模型方法中。除了词语自动切分、词性自动标注、双语语料对齐等语料加工技术以外，人们还在语料库的支持下，建立有关语法、语义的语言知识库，开发信息抽取系统、信息检索系统、文本分类和过滤系统，并且把基于统计或实例的分析技术集成到机器翻译系统里面。对于词汇学、语法学、语言理论、历史语言学等研究来说，语料库的作用目前大多还是通过语料检索和频率统计，帮助人们观察和把握语言事实，分析和研究语言的规律。

第二章　应用语言学基础

应用语言学是研究语言在各个领域中实际应用的语言学分支。语言研究的目的就是挖掘新的事实，揭示新的规律，有效地为应用服务。应用语言学可以解决现实中的实际问题，它是鉴定各种理论的实验场。本章将对应用语言学的一些基础内容进行介绍，阐述应用语言学的定义及特点，探讨应用语言学的范围及其在学科体系中的地位，分析中国应用语言学的形成与发展。

第一节　应用语言学的定义及特点

一、应用语言学的定义

人类进行交际，语言并不是唯一的工具，但却是最重要的工具，它与人类社会的发展总是步调一致。随着社会的不断发展，人类对语言也有了更多、更深的认识，慢慢地，语言研究就开始了。语言研究包括两大部分，一部分是理论研究部分，是人类对语言基本规律的总结；另一部分是应用部分，是人类对生活中的语言现象的探究，主要研究的是语言教学问题、语言与文化的关系问题等。而对人类在语言应用中的各种问题进行研究的学科就是应用语言学，从学科层面上来看，应用语言学不仅与语言本体研究相对应，而且与理论语言学相对应。

对应用语言学的理解有狭义和广义两种，狭义的应用语言学专指语言教学，特指外语教学和第二语言教学，这种理解的应用语言学可以定义为研究语言理论在语言教学或外语教学中的种种应用问题，这也是应用语言学发展最早和最为充分的一个分支。

广义的应用语言学是指应用于各实际领域的语言学，即指语言学知识和研究成果所应用的一切领域和方面，应用语言学所关心的是如何应用语言学理论、方法和成果来阐释其他应用领域所遇到的跟语言有关的问题。[①] 由此可见，应用语言学是语言学跟其他学科相互交叉渗透所产生的一门边缘学科。

二、应用语言学的特点

应用语言学诞生于 20 世纪 60 年代，经过多年发展，它已经形成了相对稳定的理论与方法体系，从这个层面上来说，它已经成为一门比较成熟的语言学分支学科，同时表明人们对语言学的认识也越来越准确。通过对应用语言的研究成果进行分析，可以发现，应用语言学主要具有以下三个方面的特征。

（一）具有学科的相对独立性

应用语言学是语言学中一门相对独立的学科，表现在以下几个方面：
第一，有明确的研究任务，研究语言学在一切领域的实际应用问题。
第二，有明确的研究对象，形成了像语言教学、语言规划、社会语言学、心理语言学、儿童语言学、语言信息处理、神经语言学、词典学等几个较为成熟的下位领域。
第三，有着自己扎实的学科基础，并且在国内外形成了许多专门研究应用语言学的组织，在此基础上，相关研究著作、杂志也不断涌现出来。
第四，形成了应用语言学专业与课程，在此基础上，国内外不少大学也都设置了应用语言学系，同时，其发展也到了一个新的层次，研究生与博士研究生的人数也在不断增加中，这给应用语言学的发展储备了大量人才。

（二）具有实用性

实用性是应用语言学存在和发展的基本条件。虽然应用语言学注重形成应用语言学自身的理论和方法，但理论的追求不是应用语言学的根本目标，应用语言学的目标是着眼于语言学在社会生活中的实际应用，解决各种实际的语言问题，解决语言学在各个应用领域中的实际问题，如指导和帮助语言教学、语言故障康复、语言信息处理、语言规划、词典编纂、翻译、速记等。

应用语言学的各主要分支学科，如语言教学、计算语言学、社会语言学、心理语言学、神经语言学、儿童语言学等，无一不是为了社会的实际需要服务的。可以说，应用语言学就是为了直接满足语言学在社会生活中的实际需求。

---

① 陈昌来．应用语言学导论［M］．北京：商务印书馆，2007：1．

(三) 具有实验性

应用语言学要解决语言运用的实际问题就离不开调查和实验。

第一，进行语言教学或第二语言教学，要对教学对象、语言自身的特点、中介语现象、教学效果等方面进行调查和分析，要对语言教学的新方法是否有效进行相关的实验，提取必要的分析数据，才能得出科学的结论。

第二，进行语言规划，要对语言文字自身的特点和现状、语言文字使用者的状况、语言规划的目的和效果等问题进行调查和研究。

第三，进行社会语言学研究更要进行必要的社会调查。

第四，进行语言信息处理研究必须懂得使用计算机做各种实验。

应用语言学研究的方法有很多，其中，调查与实验是研究方法体系中比较重要的方法。调查的方法都是多种多样的，调查不仅包括访谈调查，而且包括观察调查等。实验的应用领域非常广泛，不仅可以被应用于神经语言学、计算语言学中，而且可以被用于语言教学的研究上。但是，在具体的使用过程中需要注意的是，这两种研究方法都必须要对搜集的材料、数据，以及最后的结论进行分析与总结，从这个方面来说，比较方法与统计手段在应用语言学的研究中经常被使用，运用比较方法，可以帮助我们了解一些相近的语言现象之间的共性与差异，而运用统计手段则能保证研究的客观性，实现定量与定性的统一。

强调应用语言学的实用性和实验性，绝不是要否定应用语言学的理论特点。任何学科都必须建立在一定的理论基础之上，关于应用语言学的性质、特点、任务、范围、对象、研究方法等基本理论和各具体领域的理论及方法的研究，是应用语言学不可缺少的部分。

应用语言学这门学科的形成与发展离不开一定理论与方法的指导，如果离开理论与方法的指导，这门学科也就不会形成了；更重要的是，应用语言学需要发展，如果没有理论与方法的支持，那么，其就会一直停滞不前。但是，这里必须说明的一点是，与理论语言学相比，应用语言学不仅具有很强的实用性，而且具有很强的实验性。

(四) 具有综合性

应用语言学的学科性质决定了其具有综合性特征。应用语言学的研究对象、研究目的不同，其就要与不同的学科进行融合，这里可以看出，研究应用语言学不仅要研究语言应用知识，而且要研究其他相关学科的知识，这样才能保证研究的全面性。例如，在语言教学方面，不仅要结合教育学、心理学知识，而且要结合学科教学论等知识；在研究社会语言学时，不仅要引入社会学、人类学的相关知识，而且要引入文化学、心理学等学科知识。

也正是因为应用语言学可以与不同的学科进行融合，所以，应用语言学才获得了新的发展，其产生了许多的下位学科，如与心理学相融合形成了心理语言学，与人类学相融合形成了人类语言学，与病理学相融合形成了病理语言学，等等。这些涌现出来的下位学科都在表明，应用语言学的研究并不是一件易事，研究者不仅要具有语言学理论知识，而且要具有与应用语言学相关的其他学科的知识。可见，应用语言学研究人员是一种典型的复合型人才，同时表明，在培养应用语言学人才时必须要与其他学科合作。

总之，应用语言学具有跨学科的性质，且其跨学科的门类多种多样，这不仅充实了应用语言学理论研究的体系，而且在一定程度上促进了其他学科的发展。

第二节　应用语言学的范围

应用语言学的范围，主要指两个方面。

第一是学科门类方面，主要包括四大模块。一是广义的社会语言学，研究语言本体和本体语言学同社会的关系；二是语言规划；三是语言教学；四是语言本体和本体语言学同现代科技的关系，如计算语言学。应用语言学要研究各部分的主要内容，而不是几部分研究的拼合或者加合，它更注重各部分之间的联系，尤其是大的模块内部的几个部分之间的联系。

第二是队伍建设等方面，包括研究机构的建设、刊物的创设、活动的开展、学风和文风的建设、课题和课程设置、成果推广等。应用语言学的这一方面非常重要。

应用语言学的范围是开放的，并且各个部分还会出现许多新的内容。下面这些学科被看作应用语言学的重要领域。

一、心理语言学

心理语言学是语言学和心理学跨学科研究的一门边缘性学科。它研究人们学习语言和使用语言的心理过程，用实验和自然观察为主要研究方法来探讨语言行为的规律。

一般认为，现代语言学一方面注意语言能力的形成，一方面注意在特定条件下研究语言。心理语言学则兼有这两个特点，近年来它研究儿童认知能力的发展，青少年时期语言、逻辑、数学各种能力的相互关系，说话能力和阅读能力的特点和彼此的关系等，这些方面有了许多进步。作为一门新兴学科，心理语言学始于20世纪50年代。它的研究成果已经被运用到语言教学、医学、通信技术和人工智能等领域中。

二、地理语言学

地理语言学又称语言地理学和区域语言学，是从地域分布的角度研究语言或方言的学科。其中专门研究方言差异的叫方言地理学。

地理语言学把某语言社区的地理位置和该语言社区的发展联系起来研究，其内容常常和政治、社会、文化因素紧密联系在一起。例如，语言的接触与传播就和人口迁移、宗教的传播、经济贸易的发展等有关。此外，地理语言学还研究某一语言的发源地、传播路线等。

三、病理语言学

以语言障碍为研究对象的语言学科叫病理语言学。[①] 病理语言学又称临床语言学。也有人从不同的角度将其命名为语言病理学、语言治疗学、语言矫治学或语言康复医学，等等。它运用医学、语言学的专门技术来研究语言现象，并判断、治疗和研究语言缺陷和语言失调等疾病。

病理语言学的研究主要包括两个方面：一是语言障碍本身的研究；二是透过语言障碍对语言的研究。语言障碍本身的研究主要有三个方面：描写语言障碍者的语言行为；探讨语言障碍形成的原因；寻找康复训练的最佳方法。对语言的研究主要是通过语言障碍的研究，发现一些在正常的语言活动中不易发现的语言现象或规律，认识大脑的功能和语言符号的关系，认识人类语言的普遍规律等。

和一般语言学相比，病理语言学在研究方法上有自己的特点。例如，一般语言学一般不注意语言使用者之间的个体差异（即使是非常关注差异的社会语言学，更多关心的还是群体差异），病理语言学研究则非常注重个体差异。因为病理语言学所研究的大多是不同于一般人的"特殊人物"，当然也可以是一群"特殊人物"。例如，聋人的语言失语症患者等。

又如，病理语言学除了关心语言障碍者本身的语言状况外，还注意像年

---

① 黎昌友，彭金祥. 现代普通语言学理论研究［M］. 成都：电子科技大学出版社，2009：306.

龄、听力、智力水平、病史、语言发展、语言环境等语言的相关因素。此外，病理语言学采用观察和调查法等，这些是传统语言学中很少使用的。

病理语言学是一门跨语言学、心理学、生理学、医学等多学科的新兴学科。它的兴起和发展具有多重意义。在理论上，它对各有关学科的发展都有积极的影响；在实践上，它可以解除或减少语言障碍者及其家人的痛苦，进而减轻社会压力，提高和改善人们的生活质量。

四、神经语言学

神经语言学是研究大脑内与语言有关的神经机制如何起作用的学科，是神经科学、心理生理学和语言学跨学科的边缘学科。

人脑由一百多亿个神经元和神经元之间的介质组成，是语言和思维的物质生理基础。[①] 关于语言与大脑的关系，目前主要通过失语症来观察。失语症是大脑机制受到损伤而造成人的语言能力的丧失或语言障碍的病症。神经语言学家正在寻找失语症和大脑某一个部分之间的联系。神经语言学家的研究表明，人的左脑是主管语言的，左脑受损，就会丧失或部分丧失语言能力；而右脑受损，则会丧失形象思维能力。

神经语言学的重点领域是：语言及语言能力的生物基础，语言习得、理解和运用的脑神经活动机制，语言机制与思维机制的关系，语言机制与脑神经机制的关系等。智力障碍和脑损伤所造成的语言功能障碍和失语症的临床研究，是神经语言学的重要方面。神经语言学兴起于20世纪60年代，它对语言学和脑神经学科都产生了很大的影响。

五、语言风格学

语言风格学又称语言修辞学，是以语言风格为研究目标的学科。主要内容有：语言风格的性质、原理、方法以及研究的内容，语言风格的要求，语言风格的形成及演变的规律，语言风格的分类，风格对比（包括民族风格对比、时代风格对比、个人风格对比等），风格统计，各种功能风格对语言表达手段的选择，各种功能风格在不同语体、不同文体、不同语境中的表现，作家作品风格等。

---

① 于根元.应用语言学概论[M].北京：商务印书馆，2003：28.

六、实验语音学

实验语音学是一门研究语音产生、编码传递、接收的机理和过程的学科，早期又名仪器语音学，是用各种实验仪器来研究、分析语音的一门学科。

传统的语言学家多凭口耳来模仿语音并依靠音标对语音进行描写。近代有了能研究语言生理状况的医学器械，以及能测量、分析语音的物理仪器，人们把它们应用到语音研究上，揭示出许多前所未知的语音现象。这些现象又反过来丰富、修正了传统语音学的若干解释和理论，这样就不只限于语音学的实验手段，而且形成了一门"实验语音学"。

实验语音学有三个重要分支，即生理语音学（或发音语音学）、声学语音学、感知语音学。生理语音学研究人的发音机制，包括指挥语言的神经系统、肌肉活动、声带和声腔的发音动作；声学语音学研究语音发出后在空气中传播的物理特性，包括语音的四要素：音色、音高、音强和音长；感知语音学（或听觉语音学）研究语音传入听话人的听觉器官，造成听觉，又通过神经系统来理解等过程。这一系列的语音产生过程构成一整套"言语链环"。

实验语音学发源于语言学的语音学，它的应用领域涉及人类语言有关的各个学科，如语音教学、语音识别、语音合成、语言矫治等。

七、儿童语言学

研究儿童学习和掌握语言的过程的学科叫儿童语言学，也称为儿童语言发展学或发展语言学。儿童语言学过去属于心理语言学，现在逐步成为一门独立的学科。儿童不断掌握语言的过程就是儿童语言的发展过程。这个过程涉及生理、心理、社会、教育等因素。

儿童语言的发展大约可以粗分为三个阶段：一岁之前是语言准备阶段；一岁至学龄前是语言的发展阶段；此后是语言的完善阶段。研究儿童语言发展的一般规律和特殊情况，对于研究语言习得规律和儿童的思维与意识的发展，认识语言的本质等都有很重要的作用。中国的儿童语言发展研究起步较晚，目前已经取得了不少有影响的成果。

八、人名学

顾名思义，人名学是研究人名的学科。它主要研究人名产生和发展的规律，人名的结构及其与社会、文化、民族心理等的联系。人名的产生和各民族的社会风俗习惯有着密切的联系，民族的差异对人名结构及其构成方法有直接的影响，因此，人名可以反映各个民族的文化、历史和社会习惯。作为一门科学，人名学与人类学、历史学、民俗学和语言学都有密切的关系。

九、地名学

地名学是综合研究地名的由来、语词构成、含义、语言特征、演变、功能、分布规律以及地名与自然和社会环境之间关系的一门应用学科。

地名由词或短语构成，是表示单独概念的专有名称。地名作为语词既有语音又有意义。不同民族间语言文字不同，地名构成的方式不尽相同，即使同一语言里、在不同时代和不同地域也会有一定的差别。地名的命名总是有一定原因的，或反映自然特征，或反映社会历史背景。

通过历史文献关于地名演变情况的记载与新旧地名的对比，通过地名语言分析和与地理景观相互关系的研究，可以为探索历史上的自然面貌，社会政治、经济、文化状况，风俗习惯，宗教信仰，民族分布和迁徙以及方言、古语特征等提供有价值的资料。

在对大量地名进行语词分析、沿革考证的基础上，进一步从整体上探索地名的产生、发展及其分布规律，对于实现地名标准化，克服一地多名、一名多地、写法分歧、用字生僻、位置不清、类型不明等现象有重要意义；清理外来地名和含义不妥的地名，有利于维护国家领土的主权、民族的尊严和国内各民族的团结。

十、体态语言学

体态语言指表示有思想感情的人体的姿态和动作。体态语言学是研究体态语言的交叉学科。体态语言主要涉及人类身体的整体或部分的反应性动作与非反应性动作，而这些动作均能体现人的心态。

体态语言有狭义和广义两类。狭义的体态语言仅仅涉及人体本身的形体外貌和态势动作，广义上的体态语言还包括环境（主要指人或物所处的特定时间、空间与处所等）、间距（主要指人与人、人与物、物与物之间的距离）等。

研究发现，体态语言本身就是一种信息，它具有传递性和互感性，它有助于双向情感交流，使信息得以顺利传递；体态语言具有客观性和规定性，它能直接独立地传输信息。体态语言直到 20 世纪 60 年代才被人们普遍注意，到了 70 年代，体态语言学才作为一门独立的交叉学科出现。

十一、翻译学

翻译是把一种语言、方言等的内容变为另一种语言、方言等内容的过程或结果。专门研究翻译问题的学科被称为翻译学。翻译是以语言之间词汇语义的同一性（等值性）为前提的，在此基础上寻求对等的表现。

在翻译问题上有一系列的问题值得研究。例如翻译的标准（所谓"信、达、雅"等）、翻译的方式（口译和笔译，同声传译和接声翻译，直译和意译，人译和机器翻译）等。随着我国改革开放进程的推进，翻译问题显得更加重要，研究翻译理论，解决翻译中的实际问题，给翻译学的发展带来了更多的机会。

十二、侦查语言学

侦查语言学是研究如何通过语言侦破案件的学科。它涉及刑事侦查学、心理学、精神病学、语言学等许多学科。语言学在刑事侦查中之所以具有重要意义，是因为语言作为身份的标志，会在作案人的语言（包括口语和书面语）中留下痕迹，成为侦破案件的线索。

中国从20世纪60年代起开始把语言学的知识运用于公安和司法业务，取得了很大的成绩。目前已经有学者系统地对侦查语言学的对象、发展史、科学原理、识别体系、研究程序、方法与应遵循的原则等进行探讨。这方面的研究具有广阔的前景。

十三、对比语言学

对比语言学是比较研究语言和语言之间在语音、音系、语义、词汇、词法、句法、篇章和语用等方面的异与同的语言学科。其目的一般可以分为两种：

一是探讨不同语言之间的对应关系，解决双语教学、翻译（包括机器翻译）中的难点和问题，这显然是实用方面的；

二是通过比较分析，探索人类语言的共同特征、共同规律，从而确认语言普遍现象，构建普遍语法，这是理论方面的。

对比语言学的名称始于20世纪40年代，现在已经是相当有影响的学科了。

十四、词典学

词典学是研究按什么范围收词，按什么原则释义和针对什么目标编纂词典的学科。词典是按一定的次序编列语词并分别加以解释的工具书。信息论兴起以后，词典的概念有所扩大。凡是学科就有信息，有信息就有必要编出词典以便检索，因此，词典已与知识的储存和编排同义。

不同类型的词典有不同的特点。语文词典中的学习用词典多为各类学习者着想；参考用词典以多收现代新词新术语见长；研究用词典以历时地收列词语、详列书证为其主要目标；专科词典以不断更新、不断填补空白作为科技信息的软件而受到重视。近年来，新的语言观向传统的词典学提出了挑战，围绕着词条的收与不收引起了许多争论，词典学所涉及的已经不再只是词典本身。

十五、统计语言学

统计语言学是应用统计数学的方法来研究语言现象的语言学科。统计语言学的研究领域目前主要是：

(1) 语言单位的出现频率，如对词汇和音位、语素出现的频率进行统计研究；

(2) 作家的用词频率、词长分布和句长分布，以此了解作家运用语言的整体风格；

(3) 计算语言存在的绝对年代，以及亲属语言从共同原始语分化出来的年代；

(4) 采用信息论方法研究语言的熵和羡余度；

(5) 探讨语言的一般统计规律；

(6) 运用马尔科夫过程论来研究语言；

(7) 研究文章中两个词之间、两个语法范畴之间、两个语义类之间或两个句法类型之间的间距，以揭示文章在句法或语义上的特征；

(8) 研究语言的词汇与文章长度的关系，以揭示文章中词汇的丰富程度和差异程度；

(9) 研究词典的数学结构。

统计语言学已经取得了许多研究成果，对于通信技术、语言教学和自然语言的信息处理都很有价值。除了上面所谈的这些方面之外，还有许多领域，如科技文献语言等也是属于应用语言学的，这里不再一一介绍。有人认为像速记一类也应该属于应用语言学，这有一定的道理，只是随着科学的发展，速记已经显得不再那么重要,也就不去过多探讨。

第三节　应用语言学在学科体系中的地位

一、应用语言学与理论语言学、描写语言学的关系

应用语言学是研究语言在各个领域中实际应用的学科,是语言学的一个分支部门。在语言学研究中,应用语言学跟理论语言学、描写语言学鼎足而三,它们分属语言研究的三个方面,有所分工:理论语言学着重探讨语言的一般理论问题;描写语言学着重描述语言的具体结构方式和组合规律;应用语言学着重研究语言在各个领域中实际应用的规律和功能。

但是从研究的对象看,又可以把它们分为两类:理论语言学和描写语言学一般谈的都是语言本身的问题,因而属于内部语言学的范畴;应用语言学所谈的却不限于语言自身,它跟不少自然学科和社会学科产生交叉和结合,并采用别的学科的理论和方法来研究语言,因此它属于外部语言学的范畴。

理论语言学对于应用语言学在理论上具有指导的作用。应用语言学应该从理论语言学中汲取营养,把理论和应用语言学研究的实践紧密地结合起来。我们决不能轻视理论,理论一旦与应用语言学的实践相结合,就会产生出巨大的物质力量。要使应用语言学成为一门真正的科学,就不能忽视理论语言学,必须通过专门的研究,从理论语言学中汲取营养,加以梳理和综合,使这些有用的营养统一起来,形成全面指导应用语言学的理论系统。根据统计资料,理论语言学中关于语言学习的理论,在西方大约有40多种,我们应该从这些理论中汲取有用的营养,来丰富应用语言学中的语言教学理论和教学方法的研究。

描写语言学的历史相当悠久,可以一直追溯到古希腊、罗马时代,理论语言学从历史比较语言研究算起已有200多年的历史,然而,作为一个独立学科的应用语言学的兴起却是近五六十年的事情。20世纪中叶以来,随着社会政治、经济、科技、文教等事业的发展和需要,随着语言本身的发展和需要,语言和语言学的各种应用功能及应用规律不断被探索并揭示出来,已经有必要和可能把语言研究的应用方面跟它的理论方面及描写方面划分开来,使之成为一门新的独立的语言应用研究学科。描写语言学对于语言基本事实的描写和分析,是语言学的宝贵财富,我们在研究应用语言学的时候,一定要充分利用这些财富。

应用语言学的研究，一定要与描写语言学对于语言本体的描述结合起来，否则，这样的应用研究将会成为空谈，其研究成果，如果是违反描写语言学对于语言本体描述的具体事实的，那将不会有什么实用价值。

作为一个应用语言学工作者，应该尽可能地多学习一些语言，除了自己的母语之外，还应该学好一门至两门外语，了解各种自己原来不知道的语言现象，否则，他们对于应用语言学的研究，必定是很有局限性的。作为一个语言学家，应该有适应复杂交际环境的能力，如果只懂得自己的母语，在当前多语交际极为频繁的环境下，这样的语言学家的语言交际能力就非常局限了。熟练掌握不同的语言，以便在复杂的交际环境下进行有效的沟通，这也应该是应用语言学家应用语言能力的一种表现。

由此可见，应用语言学的研究必须同理论语言学研究、描写语言学研究结合起来。当然，应用语言学的研究成果，也必定会丰富理论语言学的理论和描写语言学对语言本体的描述结论，促进理论语言学和描写语言学的发展，这三者的发展是相辅相成的。

二、应用语言学有自己的应用特色

应用语言学在应用理论语言学的成果时，还具有自己的一些特色。在一切社会现象和自然现象中，只有语言和遗传代码是人类世代相传的两种最基本的信息，语言是人类社会中人人都要使用的最重要的交际工具，由于语言的这种特殊的性质，应用语言学不同于其他的许多应用学科，如应用物理学、应用化学、应用数学等。

别的应用学科都是把本学科的理论方法及其具体的研究成果应用于其他领域。例如，应用物理学把物理学的基本理论应用于生物研究，产生了生物物理学，生物物理学已经不再属于物理学的领域，而归属于生物学了；应用化学把化学的基本理论应用于地质研究，产生了地球化学，地球化学已经不再属于化学的领域，而归属于地质学了；应用数学把数学的基本理论应用于经济学，产生了数理经济学，数理经济学已经不再属于数学的领域，而归属于经济学了。

而应用语言学除了要将语言学的一般性的理论方法及其对语言的具体描述成果应用于其他的领域之外，还要应用各种有关自然学科和社会学科的理论、方法和成果，这些被应用的领域也都跟语言本身有直接或间接的关系，应用所获得的研究成果一般也仍然归属于语言学。例如，把数学思想和数学方法应用于语言研究，产生了数理语言学，但是，数理语言学仍然是语言学的一个学科，是应用语言学的一个分支部门，数理语言学所要解决的问题多少都跟语言有关，但又不是纯粹的语言问题，它还需要数学方面的知识作为基础。这是应用语言学区别于其他应用科学的一个特点。

应用语言学虽然要应用到语言学的知识，但又绝不能只限于语言学科本身，它还要应用到其他学科的知识。这就要求应用语言学研究者不断地进行知识的更新，不断地向其他学科吸取应用研究不可缺少的知识。应用语言学研究者的知识如果只局限于语言学一个学科之内，不积极地吸取其他相关学科的知识，就不可能将各方面的知识有机地结合起来，无法最大限度地发挥多学科知识结合的威力。

我们应提倡应用语言学研究者的知识更新，改善应用语言学研究者的知识结构。一个优秀的应用语言学研究人员，面对语言学当然应该是精研通达的内行，面对其他相关学科也绝不能是似懂非懂的外行。过去在学校里学习的语言学知识远远不能满足应用语言学研究的需要。对于应用语言学的研究人员来说，传统的"一次性教育"已经是一个十分陈旧的概念，在学校接受高等教育已经不再仅仅是进入工作岗位前的准备阶段。

研究者应该不断地进行更新知识的再学习，不仅要学习现代的社会科学知识，还要学习现代的自然科学知识，学习计算机科学和信息论的知识。每一个决心从事应用语言学的研究人员，都要努力让自己成为博识多才的、文理兼通的多面手。如果研究者的业务素质提高了，就有可能将精湛的现代化知识转化为生产力，从而有力地推进我国的应用语言学事业的发展。

应用语言学是一门综合性的学科，具有跨学科性质，视场合和任务的不同，它可以采用不同学科的知识理论去解决语言应用的各个方面问题。例如，它在解决机器翻译外语教学、言语障碍与规划等问题时，除了应用一般的语言理论和语言描述的成果之外，还分别应用了计算机、翻译、教学法、解剖学、心理学、病理学、社会学、民族学等的理论。

应用语言学正是在语言学与其他各个学科的交接点上发展起来的，绝不只是把现成的语言知识或语言理论拿过来应用一番。研究应用语言学必须从应用着眼，在语言学跟其他学科的交接点上下功夫，分析语言和语言学应用中的种种现象和问题，从中探求其一般原则、方法和规律，以建立科学的体系。这样，应用语言学的研究成果，就可以反馈到理论语言学和描写语言学中，进一步丰富理论语言学和描写语言学，从而推动语言学的整体发展。

第四节　中国应用语言学的形成与发展

一、中国应用语言学的萌芽

我国对语言应用问题的研究起源于先秦，历代学者在语言教学理论和实践、语言文字规划、词典编纂等方面都取得了一定的成就。

例如，在语言教学上，古代学者在识字和写字教学、书法教学、阅读和讲解教学等方面都总结出了许多经验；在语言文字规划上，秦朝就提出了"书同文"的语言文字政策；在词典编纂上，从《说文解字》到《康熙字典》构成了我国古代辉煌的辞书学和辞书编纂的历史。

二、中国应用语言学的发展

中国应用语言学主要是在19世纪晚期之后随着现代语文运动而蓬勃发展起来的。19世纪后期，我国的传统语言学（或者叫传统语文学）开始从顶峰走向变革，即开始向现代语言学转变。在这个转变过程中，以白话文运动、国语统一运动、文字改革、拼音化为标志的现代语文运动开始产生。就应用语言学来说，现代语文运动当属于语言文字规划这个分支学科。

（一）现代语文运动与应用语言学

"五四"运动前后，由于白话文运动、国语统一运动从书面语和口语两个方面，基本上确立了以北京话为基础的现代汉语标准语的地位。白话文运动、国语统一运动以及拼音化运动是现代语文运动的三个主要方面。

拼音化运动起源于清末的切音字运动，当时给汉字注音的方案有许多种，其中以1918年正式公布的"注音字母"、1928年公布的"国语罗马字"以及稍后的"中国拉丁化新文字"为代表。拼音化运动对汉字注音、汉字教学、普及教育起到了积极作用，拉丁字母及音标的使用为语言调查、记录和描写、分析提供了重要的价值。

20世纪初，新式学堂逐渐取代私塾教育，随着白话文运动和国语统一运动的开展，现代语文教育（母语教学——汉语教学）从理论到实践都取得了突出的成就。可见，我国的应用语言学一开始就非常重视语言文字规划和语言教学这两个领域。

(二) 文字改革运动与应用语言学

1949年到1966年，中国社会、政治、经济、文化发生了翻天覆地的变化，这种变化对语言文字工作和语言文字生活产生了极大的冲击，引起了语言文字工作和语言文字生活的变化。这种变化主要表现在两个方面：

其一，语文运动深入发展，语言文字规划取得了突出成就，现代汉语规范化的标准得以确立；

其二，语言文字学习深入大众，语言知识的学习得到空前的重视，语言知识获得前所未有的大普及。

就应用语言学研究来说，1955年10月召开的"全国文字改革会议"和"现代汉语规范化问题学术会议"尤其重要，标志着我国应用语言学研究进入了一个新的历史阶段，以"简化汉字、制订和推行汉语拼音方案、推广普通话"[①] 三项主要任务为代表的现代语文运动进入了一个新的高潮。

20世纪50年代的现代语文运动在新形势下，又被称为文字改革运动或语言文字规范化工作，这一运动在汉语拼音方案制订、汉字简化和整理、拼音文字实验、推广普通话、现代汉语标准语规范、少数民族文字规范和创制等方面都取得了突出的成就。

1955年，文化部和文改会公布了《第一批异体字整理表》，后经过调整实际淘汰异体字1 027个。淘汰异体字减少了字数和汉字使用的分歧，给汉字学习、使用带来了方便。

1964年，中国文字改革委员会编印了《简化字总表》（1986年国家语言文字工作委员会重新发表《简化字总表》，略做调整），实际简化汉字2 235个。《简化字总表》的正式公布确立了简化字的合法地位，这样就大大减少了汉字笔画，便于书写和认读，因而自推行以来受到广泛欢迎，取得了良好的社会效益。

1965年，文化部和文改会发布了《印刷通用汉字字形表》，收通用汉字6 196个。该表规定了每个通用汉字的笔画数、结构、笔顺，不仅消除了印刷体汉字字形的分歧，实际上也统一了手写体的字形，确立了通用汉字的规范标准。

《简化字总表》《第一批异体字整理表》《印刷通用汉字字形表》等文献规定了现代汉语用字的标准，使汉字进入现代汉字的时代。这些研究成果奠定

---

① 夏中华. 应用语言学范畴与现况（上）[M]. 上海：学林出版社，2012：11.

了现代汉字的基础，也为汉字规范化、标准化、现代化打下了良好的基础，它们在儿童语文学习、成人扫盲、教育普及、新闻出版、促进社会进步等方面起到了积极的作用。

1958年2月，第一届全国人民代表大会第五次会议通过了《全国人民代表大会关于汉语拼音方案的决议》。至此，全国统一的、具有法律效力的《汉语拼音方案》正式形成。该方案为汉字教学、推广普通话、少数民族创制文字、拼写人名地名和科学术语以及为汉语汉字信息处理等都做出了巨大贡献，已经成为国际标准。

1977年，在希腊雅典举行的联合国第三届地名标准化会议，通过了我国提出的"关于采用《汉语拼音方案》作为中国地名罗马字母拼写法的国际标准的提案"，做出《关于地名拼法的决议》，建议采用汉语拼音作为中国地名罗马字母拼法的国际标准；1978年，国务院批准了《关于改用汉语拼音方案作为我国人名地名罗马字母拼写法的统一规范的报告》；1982年，国际标准化组织发表国际标准ISO7098《文献工作——中文罗马字母拼写法》，规定拼写汉语以汉语拼音为国际标准。

随着国家的统一，政治、经济、文化教育的飞速发展，各地交往日益频繁，严重的方言分歧已经阻碍了社会的进步和发展。中华人民共和国成立后，推广普通话被提到越来越重要的地位，成为一项重要的政治任务，也成了20世纪50年代文字改革工作或国家语言文字规划的三大任务之一。

为规范普通话语音标准，中国科学院语言研究所成立了普通话审音委员会。1963年，文字改革出版社出版了《普通话异读词三次审音总表初稿》。1985年，国家语言文字工作委员会、国家教育委员会、广播电视部联合公布了《普通话异读词审音表》，作为选用异读词的标准。

20世纪50年代明确了普通话的含义：以北京语音为标准音，以北方话为基础方言、以典范的现代白话文著作为语法规范。现代汉民族共同语即普通话标准的明确为汉语规范化的实现提供了可能，也使推广普通话有了明确的依据。

1951年，中央人民政府出版总署发布了《标点符号用法》，指出了14种常用标点符号的正确用法。1955年到1956年全国绝大多数报刊改直排为横排。新标点符号的使用和印刷横排，奠定了现代汉语书面语印刷和书写的基础。

虽然中国的应用语言学研究在20世纪五六十年代取得了突出的成就，但作为学科的中国应用语言学的形成却比较晚。

20世纪70年代后期到80年代前期，语言文字应用研究的发展为应用语言学学科的形成做了准备,其中应用语言学的主要成果是关于语言美的研究和讨论,北京语言学会编的《礼貌和礼貌语言》和陈章太、于根元的《语言美和精神文明建设》是其中的突出成果。与此同时,推广普通话和汉语规范化、标准化等工作也有一定的进展。

随着我国方言调查和少数民族语言调查的开展,语言与文化、语言与社会的关系引起了语言学家的重视,从而,应用语言学的另外两个分支学科——文化语言学和社会语言学也逐渐发展起来。

三、中国应用语言学学科的正式形成与发展

(一) 中国应用语言学学科的正式形成

中国应用语言学学科形成的标志是 1984 年语言文字应用研究所的成立。[①] 语言文字应用研究所简称"语用所",成立时属中国社会科学院和中国文字改革委员会双重领导,1988 年以后归国家语言文字工作委员会领导,1998 年国家语委并入教育部,语用所随之成为教育部的直属研究所。2001 年 4 月,根据中央机构编制委员会办公室对教育部所属部分事业单位调整更名的批复,国家语委普通话培训测试中心和《语言文字应用》杂志编辑部并入语用所。

语用所是我国第一个国家级应用语言学研究机构。它的成立标志着应用语言学在中国正式形成。现在的语用所下设科研教育管理处、普通话和语言教学研究室、汉字与汉语拼音研究室(辞书研究中心)、社会语言学与媒体语言研究室(广播电视语言研究中心)、计算语言学研究室、编辑部(应用语言学研究中心),以及普通话培训处、普通话测试处等部门。

语用所主要任务是研究语言文字应用的实际问题和理论问题,研究语言文字的规范化和标准化,研究语言政策和语言规划;开展国家通用语言文字培训、测试及有关的组织规划、教学与科研工作,指导各地的培训与测试工作;为社会各界提供有关语言文字的评测与咨询服务;编辑出版《语言文字应用》和《语文信息》,进行有关语言文字的网络建设和现代化的信息服务;培养研究生和其他相关人才。

(二) 中国应用语言学学科的发展

中国应用语言学学科发展的另一个里程碑性的标志是 1992 年应用语言学杂志——《语言文字应用》的创刊。

---

① 陈昌来.应用语言学导论[M].北京:商务印书馆,2007:18.

《语言文字应用》是中华人民共和国教育部主管、语言文字应用研究所主办的语言文字应用学术刊物。《语言文字应用》贯彻执行国家语言文字工作的方针政策，致力于语言文字的规范化、标准化，集中发表语言文字应用领域的学术研究成果，努力团结和发展国内外研究队伍，加强国际学术交流，促进语言文字应用学科的发展。《语言文字应用》发表有关语言文字规划、语言文字规范、推广普通话、社会语言学、语言教学、对外汉语教学、计算机多媒体辅助教学、计算语言学、面向中文信息处理的现代汉语基础研究等研究成果，还追踪报道国内外有关语言文字应用的热点问题。

在中国应用语言学学科形成和发展中，国家语言文字工作委员会的成立和全国语言文字工作会议的召开起到了积极的推进作用。1985年12月16日，中华人民共和国国务院办公厅发出《国务院办公厅关于中国文字改革委员会改名为国家语言文字工作委员会的通知》。为了加强新时期的语言文字工作，国务院决定将原中国文字改革委员会改名为国家语言文字工作委员会（1998年机构改革，国家语言文字工作委员会并入教育部，对外保留国家语言文字工作委员会的牌子）。

其主要职责是：贯彻执行国家关于语言文字工作的方针、政策和法令，促进语言文字的规范化、标准化，继续推动文字改革工作，并做好有关的社会服务工作。后来进一步明确为：拟定国家语言文字工作的方针政策；编制语言文字工作的长期规划；制定汉语和少数民族语言文字的规范和标准并组织协调监督检查；指导推广普通话工作。

1986年1月6日，全国语言文字工作会议召开。根据社会发展和形势变化，国家的语言文字工作任务调整为五大项：第一，做好现代汉语规范化工作，大力推广和积极普及普通话；第二，研究和整理现行汉字，制定各种有关标准；第三，进一步推行《汉语拼音方案》，研究并解决实际使用中的有关问题；第四，研究汉语、汉字信息处理问题，参与鉴定有关成果；第五，加强语言文字的基础研究和应用研究，做好社会调查和社会咨询、服务工作。

全国语言文字工作会议对汉语言文字的规划起到了突出的作用。会议讨论了新的历史时期的语言文字工作的方针和主要任务，解决了历史上一些争论不休的问题，不再重申汉语拼音化方向，不把简化汉字单独列为一项任务，而强调现代汉字的规范化和标准化。会议把现代汉语规范化和推广普通话列为第一项任务，提出了普通话水平测试分三级的设想。

1997年12月23日，又一次全国语言文字工作会议召开。此次会议将新时期语言文字工作任务明确为四条：第一，坚持普通话的法定地位，大力推广普通话；第二，坚持汉字简化方向，努力推进全社会用字规范化；第三，加大中文信息处理的宏观管理力度，逐步实现中文信息技术产品的优化统一；第四，继续推行《汉语拼音方案》，扩大使用范围。

2001年1月1日《中华人民共和国国家通用语言文字法》颁布实施，这是我国历史上第一部关于语言文字的法律，是我国的语言文字政策和语言文字规划的里程碑式成果。为加强应用语言学研究，1995年筹建了中国应用语言学学会。该学会成立以来，主持召开了数次全国性的应用语言学学术研讨会，同时出版了数种应用语言学论著。

近年来，许多大学或学术机构开始招收语言学及应用语言学的研究生（包括硕士研究生和博士研究生），同时，作为应用语言学的重要分支学科如语言规划、对外汉语教学、外语教学、计算语言学、社会语言学、文化语言学、应用语言学理论等近年来也取得了突出的发展。这些都标志着中国应用语言学的进一步发展和趋于成熟。

随着应用语言学作为一门独立学科的正式形成，我国应用语言学蓬勃发展，逐步形成了以语言教学、对外汉语教学、社会语言学、语言规划和语言调查、计算语言学、儿童语言发展等为主要研究领域，文化语言学、神经语言学、语言风格学、新词新语研究、传播语言学、心理语言学、辞书学、翻译学、人类语言学、实验语音学、人名学和地名学等其他领域协调发展的繁荣局面，我国的应用语言学也正在为中国的政治、经济、社会、文化、教育、科技、国际交流等发展领域提供良好的服务。

第三章 应用语言学研究方法体系构建

方法是手段。要从事应用语言学研究，必须运用相应的研究方法。本章构建了应用语言学研究方法体系，为应用语言学的研究提供了方法指导。

第一节 质性研究

一、质性研究的概念与优势

（一）质性研究的概念

所谓质性研究，就是以研究者本人为研究工具，在自然情境下采用多种资料收集方法对社会现象进行整体性探究，使用归纳法分析资料和形成理论，通过与研究对象互动、对其行为和意义建构获得解释性理解的一种活动。

（二）质性研究的优势

质性研究具有以下三个优势。

首先，质性研究善于对现实生活进行有力的把握。研究者可以通过面对面的交往，实地考察被研究者的日常工作生活状态和过程，了解被研究者所处的环境以及环境对他们产生的影响。

其次，质性研究擅长对潜在的、隐形的问题进行理解和解释。质性研究的主要目的是对被研究者的个人经验和意义建构做"解释性理解"，从他们的角度理解他们的行为及意义。

最后，质性研究能够解释问题的复杂性。它注重社会现象的整体性和关系性。不仅了解事件的本身，而且能够探索事件发生和变化时的社会文化背景以及对该事件与其他事件之间的联系进行阐释。

二、质性研究的基本特征

（一）研究问题设定较为开放和宽泛

不同于量化研究从一开始就明确研究问题的做法，质性研究在设定研究问题时相对比较宽泛。进行某项质性研究的最初目的，通常不是为了证明或推倒某种假设。研究人员会更多地着眼于观察到的真实情况，希望在研究进程中逐渐建立起某种假设，进而推出研究结论。这种做法对于受诸多因素影响的应用语言学研究，意义更加突出。比如，当我们发现学生无法掌握汉语的四声，并展开相关研究时，早早地提出某种假设未必有助于解决问题。研究人员应该首先反思教学过程，观察课堂细节，访谈有关学生，同时分析课堂录音、录像资料。这些质性研究常用的资料收集和分析手段，可以帮助研究者在研究过程中逐步确定学生的问题所在。在此基础之上进一步开展有针对性的研究，才可以事半功倍。

（二）研究对象数量相对较少、周期较长

质性研究所选的研究对象相对较少，只有一两个研究对象也是很常见的情况。另外，质性研究对研究对象的研究周期相对较长。例如，儿童语言学研究中，常常会出现跟踪记录研究对象的语言使用几年甚至十几年的情况。但这并不意味着研究对象的数量和研究周期的长短可以成为区分量化研究和质性研究的标准。有些量化研究的样本数量也只是达到了统计学分析的最低门槛。而某些质性研究可以对整班的学生进行访谈或会对全校的学生进行问卷调查。可见，研究对象的多寡和研究周期的长短，要视具体情况而定。

（三）研究情境不经任何设计

质性研究非常注重研究的真实性，对研究情境不会进行任何设计。具体可以细化为两点：第一，不会刻意简化研究情境；第二，不会事先设定研究中的抽象化变量。以应用语言学研究为例，研究者必须全面了解语言教学的实际情况，将外部环境的影响考虑在内。如果受到实际条件的制约，必须进行某种程度的简化，应该将其控制在最低限度，并在研究报告中清楚地加以说明。

（四）资料收集广泛且不具倾向性

质性研究的资料收集遵循最大化原则。基本态度是在人力物力允许的情况下尽力收集原始资料，后期再根据研究的需要进一步整理和取舍。同时，资料

收集不应具有任何倾向性,对所有研究对象同等关注,避免厚此薄彼。比如,同时对几个学区的教师进行访谈,必须做到访谈的内容、程序和时间基本一致。如果条件允许,最好由同一研究人员以同样的模式进行访谈。广泛收集资料的做法必然要求研究人员投入大量的时间和精力,具体操作中如何找到投入和产出的平衡点是很重要的研究技巧。

(五) 研究者本身就是最好的研究工具

质性研究的资料收集过程,不会依赖各种标准化测量工具和仪器。研究者通过自己的感官来了解研究现场,并亲自收集和分析研究资料。研究者本身就是最好的研究媒介,是研究目的和研究现象之间的桥梁。质性研究者高度介入研究,因而要在进入研究现场前放空自己,保持高度的敏感和敏锐的观察能力。当研究者用长期观察的方法来了解研究现象时,研究者的出现很可能会形成一个干扰,进而干扰到观察的进行,影响研究结果。

(六) 重视对研究结果的深度描写

质性研究的结果不是以数字化的方式来表述的,而是经由类似讲故事的方式,对研究发现进行描述,使读者有身临其境的感觉。但是质性研究对研究结果的描述并不是真的在讲故事,而是一种深度描写和诠释。深度描写不只关心现象的细节,更重视现象形成背后的原因以及现象与现象之间的关系。同时,研究者对研究结果的诠释必须站在研究对象的立场。质性研究借助研究对象的观点和看法,来赋予研究结果特别的意义。另外,质性研究主要依靠文字描述的方法来呈现研究成果,较少用到图表和统计数字。

三、应用语言学质性研究方法的主要模式

(一) 个案研究模式

1. 个案研究的概念

"个案"通常又被称为"案例",是指具有某种代表意义及特定范围的具体对象。

个案研究就是对单一的研究对象进行深入而具体研究的方法。个案研究的对象可以是个人,也可以是个别团体或机构。

2. 个案研究的特点①

（1）单一性

个案研究的对象往往是个别的人、个别的事件或个别的团体，这种对象一般具有单一性。这里的个别，不是孤立的个别，而是与其他个体相联系的，是某一整体中的个别。即使研究中有多个被试，通常也把他们作为一个单位或某个问题来看待。个案研究的对象往往是那些具有特殊行为表现的个体或具有反常行为的个体。

（2）典型性

个案研究在选择研究对象上讲究典型性。所谓典型，就是能集中、全面反映同类事物的共同属性或事物发展趋势的特殊个体。典型可区分为一般性典型、特殊性典型、全面性典型、先进典型、落后典型等。

个案研究对象一般有三个典型特征：①在某方面是否有显著的行为表现；②在这方面有关的某些测量评价指标是否与众不同；③教师、家长等主要关系人是否都有类似的印象和评价。

个案研究的典型性就是要通过对该个案的调查研究，找出它与同类事物共有的一般规律，通过个别认识一般，实现从个别到一般的飞跃。

（3）深入性

个案研究的研究周期一般比较长，需要对个案进行连续的跟踪研究，既要研究个案的现状，也要研究个案的过去，还要追踪研究个案的发展。由于个案研究的对象单一，因此研究者有较为充裕的时间来进行透彻、深入、全面、系统的分析与研究。

（4）针对性

个案研究的主要目的在于通过探究某个特殊的个体产生某种特殊状况的原因，进而据此提出针对性的补救或矫正措施，因材施教，以促进个体获得更好的适应和发展。

（5）借鉴性

个案研究的目的固然是了解把握某个个体的具体情况，但也要通过个案的研究，揭示出一般规律，即从个别提升到一般，以个别指导一般，即使是负面的特殊个案，其研究的目的也是要给人提供经验和教训。

（6）自然性

个案研究一般是在自然的情境下展开探讨的，不会去改变外在的因素，研

---

① 黄争春，李鸿玮，肖学文. 教育科学研究方法［M］. 延吉：延边大学出版社，2017：101-102.

究者着重在一旁观看或是参与其中发生的过程,不添加任何外在的影响,对研究对象控制程度很低,重在自然状态下的表现。

3. 个案研究的步骤

(1) 研究方向的选择

我们都非常清楚,选择正确的研究方向对于整个研究的成败有决定性的作用。如果一开始在研究方向上就出了问题,研究过程就会非常辛苦,甚至半途而废。选择个案研究的方向,最重要的是要清楚自己的研究服务于何种目的。个案研究可以是为了探索新的研究领域,为更大规模的研究探路。

个案研究当然也可以仅仅为了描述特定的现象或研究对象。个案研究还可以是针对已有研究进行的评价性研究,如关于现代科技资讯和语言学关系的研究,往往强调技术手段对语言学习的促进作用。有针对性地开展个案研究可以揭示技术对语言学习是否还存在着其他方面的影响。开展个案研究还可以是为了弥补已有理论的不足之处,或者对某种理论进行证伪。

总之,研究者在开展一项个案研究之前,应该清楚研究为何而做。个案研究的样本数量偏小的特点,时常成为被攻击的口实。选择合理的研究方向,可以以小博大,起到事半功倍的效果。这一点对个案研究来说,至关重要。

(2) 研究问题的设定

个案研究中的研究问题必须根据研究对象的特点,设计得非常具有针对性。不要匆忙地设定研究问题,事先应该对研究对象做尽可能多的深入了解,这样才能设计出有针对性的研究问题。

(3) 个案的选择

个案研究模式最核心的问题,也是最棘手的问题,就是个案的选择。原因在于,很多时候研究者对个案的选择并没有多大的主动权,甚至是因为偶尔遇到合适的研究对象才开始某项研究。除此之外,研究者如何处理和研究对象的关系,也是值得关注的问题。

(4) 研究资料的获取

质性研究常用的资料获取手段可以分为文档收集、访谈、问卷调查和现场观察四个大的类型。除了问卷调查,其他三种资料收集的方法在个案研究中都会用到。具体到应用语言学领域的个案研究,又以访谈和现场观察的方法使用最多。最终使用何种资料收集手段,往往根据研究对象的特点决定。比如,研究对象的年龄就是一个重要的考虑因素。如果个案研究的对象是儿童学习者,使用访谈的方法就没有多大的意义。因此,针对儿童汉语学习者的研究最好使用课堂观察的方法。如果条件允许,最好能够对观察的内容进行录音、录像,方便日后进行更细致的分析。由于成人汉语学习者已经能够反省自己在学习中的种种问题,并能清楚地加以表述,针对他们的个案研究使用访谈的方式就比较适合。虽然也可以对成人的学习过程进行观察,甚至录音、录像。但是研究对象会对各种设备的存在非常敏感,效果可能不会太好。文档分析的方法在个案研究中也常有使用,但主要是作为辅助手段出现。

(5) 研究资料的分析

在个案研究中,资料分析最重要的考虑在于如何界定资料分析的单元。这一点与研究者最初设定的研究方向有密切的关系。

当我们要进行资料分析时,首先要根据研究对象的多寡来确定资料单元。如果是单一个案研究,情况自然就简单得多,所有资料可以作为一个大的整体进行分析。如果是多重个案研究,就要考虑资料以每个研究对象为一个单元,还是以同质性的一组研究对象为一个单元。比如,可以将同性别或同年龄的几个个案放在一起分析,有利于通过对比的方法获得新的发现。

除了个案的数量,我们还要考虑研究是本质型还是工具型。如果是工具型,就要考虑是否要将资料以研究现象而非研究对象来划分。比如,我们要通过个案研究来分析学生对汉语语法点的接受程度,就要考虑资料是不是应该以语法点为单位来分析。当我们开展的是多重个案研究,又涉及多个现象的分析,研究资料的划分就会变得非常复杂。使用大型质性研究资料分析软件,可以提高这方面的效率。

(6) 研究报告撰写

撰写个案研究报告,自然要满足这方面写作的一般要求,尊重学术型创作许多约定俗成的做法。但是个案是围绕研究对象展开的,极有可能涉及很多研究对象的隐私性信息。因此,研究者在报告完成后,应该让研究对象阅读,或者详细地向其进行解释。如果研究对象要求调整,研究者必须对报告进行修改。

(二) 焦点小组研究模式

1. 焦点小组研究的概念

焦点小组研究又称为焦点团体研究,是指研究者根据研究目的选择多个研究对象组成焦点小组,通过团体讨论的方式获得研究资料。研究者在讨论的过程中扮演引导者的角色,讨论的课题和方向事先都经过设计。

2. 焦点小组模式的主要特征

(1) 短时间内收集大量信息

一般的访谈采用一对一、面对面的方式,要花费相当长的时间才能收集到足够的资料。焦点小组访谈则是将访谈技巧运用在参与者的互动过程中。所以，研究者可以在短时间内，收集到较广泛的信息。这一特点是焦点小组研究模式的最大优势所在。但是大量信息同时出现，也会给研究者带来一些困扰。现场多位参与者发言，很可能会模糊问题的焦点，分散研究者的注意力。所以焦点小组访谈都要进行录音，方便研究者进行后期的处理和分析。

（2）小组成员的数量有限

焦点小组通常由6~12位同质性较高的成员组成。确定参与者的数量要考虑几个因素。如果涉及较为复杂和需要专业背景知识的问题，成员的数量就不宜过多，一般不要超过8位。这样可以让每位成员都有时间发表比较专业的意见，并展开讨论。一般性的问题，成员的数量也不可以超过12位。这主要是为了保证每个成员的发言时间，同时确保研究资料的复杂性在可控制范围之内。过去，有越来越多的研究者使用成员数量少于6人的"迷你"焦点小组。这类小组的人数最少时可以只有4个人。但是这类小组的代表性较差，只适合于深入地讨论问题。所以，有的研究者会把正常大小的焦点小组和这种"迷你"小组结合起来使用。

（3）小组成员同质性较高

焦点小组的成员必须具有较高的同质性，以方便交流。在应用语言学领域，这种同质性主要是指成员拥有相同的教育背景、工作经历和语言学习及使用的经历。比如，我们可以邀请教授同年龄段学生的教师，也可以将来自同一国家的学习者组织在一起。根据研究目的的不同，小组成员的年龄和性别也是重要的考虑因素。参与者的年龄最好比较接近，否则交流起来会有一些障碍。比如，年长教师对于年轻教师使用的一些词语会不太熟悉，对后者感兴趣的一些话题也表现得不够热情。焦点小组成员的性别构成也是要考虑的问题。从心理学角度讲，部分参与者会在有异性存在时过度表现或不善于表达。对于年轻的参与者，这个问题就更严重一些。研究者可以考虑组织同性别的参与者分别进行讨论。

（4）必须针对特定议题

焦点小组的问答和互动过程必须针对研究议题，并由研究者主导。研究者使用焦点小组研究模式，是为了在短时间内针对特定议题收集大量信息。因此，在访谈的过程中，研究者都会非常注意引导谈话的方向。一旦出现偏离主题的情况，研究者就会主动发言，予以纠正。走题的情况最容易出现在讨论过程中，研究者需要在不影响参与者情绪的情况下，将话题导回到正轨。

（5）关注非言语反应

使用该研究模式时，除语言资料外，研究者还要关注小组成员的非语言反应。很多情况下，研究对象并不能将自己的真实观点完全表达出来。研究者在访谈的过程中可以通过参与者的肢体语言和面部表情，判断其真实感受与观点。研究对象的非语言反应也可以帮助研究者确定何时应该对访谈过程进行干预。

3. 焦点小组研究模式的步骤

焦点小组研究模式分为准备、执行和分析三个阶段，每一阶段还可以再分为多个步骤。

（1）准备阶段

这一阶段可以细分为四个步骤：①形成研究问题；②遴选参与人员；③确定访谈次数和时长；④安排访谈场地。

研究者在运用焦点小组研究模式之前，必须要有明确的研究问题。这些研究问题还要进一步设计成适合访谈现场使用的议题。人员遴选部分的关键是确定参与者背景和数量。有一个问题要特别注意，研究者中意的人员未必会同意参与研究。如果是一对一的访谈，通常比较容易获得对方的同意。一旦对方了解到要和其他参与者一同接受访谈，就很可能打退堂鼓。这种情况屡见不鲜。因此，研究者在选择研究对象时，应该有备选名单。最糟糕的情况是，研究者安排了多次访谈，个别研究者在参与其中的一次后因各种原因要求退出。这时要找另一个各方面情况都类似的参与者就非常困难。决定人员数量时，必须在充分参与、讨论广度和讨论深度三者之间做出平衡。既不能让参与者有虚度时光的感觉，又不能影响资料收集的广度，同时必须让访谈进行得充分而深入。

访谈的次数和时长也是非常重要的考虑因素。如果焦点小组模式和其他研究模式同时使用，那么访谈的次数可以少一些。当研究者只是使用焦点小组研究模式时，访谈的次数通常就要多一些。另外，要视研究者的年龄大小调整访谈的时间长短。比如，对于年纪较小的研究对象，访谈的时间就不可以太长，而且要在小组访谈中间适当安排休息时间。

准备阶段的最后一个步骤是安排和布置访谈的场地。座位安排是要优先考虑的问题。关键在于，能够让小组成员比较方便地通过面对面的方式来进行沟通交流。比较理想的座位安排包括长条形、圆圈形和U字形。如果采取围绕长条形桌子安排座位的方式，研究者坐在长桌的一端，比较有利于引导互动和讨论。如果是圆圈形，研究者和参与者并肩而坐，方便进行平等交流。半圆和U字形是前面两种情况的折中。最应该避免的方式是上课时一排排的座位安排形式。确定座位安排后，再根据情况选择合适的教室。地方最好比较宽敞，有良好的照明，而且容易到达。场地安排的最后一个问题是录音或录像。影音设备的安置要尽量避免对参与者形成干扰，但是又要照顾到在场的所有人员。有的大学里有专门用于研究目的的特殊教室，各种设备都隐藏在玻璃隔板后，这是最理想的地点。

(2) 执行阶段

焦点小组研究模式的执行阶段，非常考验研究者的沟通技巧、现场反应和知识储备。在沟通技巧方面，研究者首先要和参与者建立互信关系。其次必须向参与者详细说明研究的目的、参与者如何遴选、收集到的资料如何运用以及访谈的程序安排。最后在讨论的过程中研究者还要不断鼓励参与者表达自己的观点并予以回应。切记研究者不是评论者，因此在整个焦点小组访谈过程中，必须保持中立的立场。一个好的研究者未必就能够主持好一场小组讨论。有教学经验的研究者往往会讲太多的话，或者总是想表达自己的观点。研究者必须了解，使用焦点小组研究模式，主要是为了获取信息而不是借机发表意见和纠正别人的看法。

在小组活动现场，研究者必须对下面几种情况做出合理的反应。由于小组成员的性格与背景不同，容易造成访谈过程中出现"领导者"的情况。一个或几个人的发言明显比其他人要多，渐渐主导了讨论的方向。研究者必须在不打击其积极性的情况下，给其他人更多的发言机会。相反的情况也会出现，个别参与者会一直闷不作声。在这种情况下，研究者要主动地要求其发言，让他谈谈自己的看法。访谈中，还有可能出现冷场的情况，即全体参与者都陷入沉默。研究者不必为此而紧张，应该将其视为一种具有意义的情感表达。这时研究者可以做引导性发言，或者直接请某位参与者表达自己的观点。有些受访者会反过来向研究者提出问题。如果问题同研究过程的细节有关，研究者可以直接回答。但如果这些问题是为了避免表达自身感受的策略，研究者就应该表明问题和研究无关，可以在其他时间讨论。

(3) 分析阶段

资料收集完毕后，就进入分析和诠释阶段。在这个阶段，有两个原则要特别注意。

第一，资料分析是以每次的焦点小组为单位的，不能突出个人的观点。每一个焦点小组中，不同成员由于性格和知识储备量的不同，都会有不同的表现。在分析资料时我们常常会发现，有一两个成员的发言甚至占到全部发言的一半。研究者要特别注意甄别这些发言中哪些是个人的想法、哪些代表了整个小组的意见。只有后者才是研究者应该关注的部分。

第二，如果访谈的次数超过一次，要特别注意参与者的观点变化。这种变化可能源自参与者的深度思考，也可能受到有关事件的触发，还有可能是问题改变造成的影响。无论是哪种情况，参与者观点的改变都是研究者必须关注的要点。对这部分内容的分析，极有可能形成有价值的研究结论。

第二节 实证研究

一、实证研究的概念与内容

（一）实证研究的概念

实证研究方法的哲学取向是实证主义，起源于自然科学研究。实证主义所推崇的基本原则是科学结论的客观性和普遍性，强调知识必须建立在观察和实验的经验事实上，通过经验观察的数据和实验研究的手段来揭示一般结论，并且要求这种结论在同一条件下具有可证性。

根据以上原则，实证性研究方法可以概括为通过对研究对象大量的观察、实验和调查，获取客观材料，从个别到一般，归纳出事物的本质属性和发展规律的一种研究方法。

（二）实证研究的内容

实证研究通常包括以下三个方面。

首先，实证研究的目的一般来说是检验假说，即研究中首先设有一个或多个假设，假设的内容是预测两个或多个变量之间的联系或因果关系，然后加以验证。

其次，实证研究运用严谨的、程序化的数据采集方法，如实验、调查、测试等。

第三，实证研究，特别是其中的定量型实证研究要用到专门的统计学技术，不仅要做一般常见的描述性统计，如频数、平均数、百分数、百分比等，还要做复杂的推断性统计分析，如方差分析、相关分析、回归分析，等等。

二、应用语言学实证研究的步骤

科学研究是有组织地、系统地探究问题答案的过程，要使研究进行得科学、规范、有效，必须讲究研究的步骤和方法。应用语言学实证研究的基本过程大体包括五个阶段：选题阶段、研究设计阶段、数据收集阶段、数据整理与分析阶段、撰写研究报告/论文阶段。

(一) 研究课题的选择与确定

选题是科学研究非常重要的一步。研究课题的选择和确定是一个循序渐进的创造性认识过程，一般包括如下几个步骤。

1. 产生初始的研究意念

提出课题，往往是在阅读、研究有关领域的文章或著作中有所感悟，或者实践工作中感到困惑，受到启发，产生联想，从而形成一个初步的研究意念。要发现有价值的研究问题，一要关注理论，二要关注实践。关注理论，就是要求我们关注已有理论的不足，关注理论的最新进展，关注理论界的各种思潮，关注不同理论之间的交锋或论争；关注实践，就是要留心实践中出现的新情况、新问题。

2. 查阅有关文献资料，了解问题的研究现状

广泛查阅国内外同类课题的研究资料，弄清前人在这方面的研究成果，采用的研究方法以及仍未解决的问题等。通过了解哪些人进行了哪些研究，如何研究，取得什么成果，还存在什么问题或不足，发现研究问题和研究方向。文献资料的介质分为纸张型、缩微型、电子型和音像型等四种类型，按出版形式划分主要包括图书、期刊、研究报告、会议文献、标准文献、学位论文、政府出版物、科技档案等多种类型。对于应用语言学实证研究来说，最重要的是查找与研究问题相关的论文、著作、工具书和互联网资源等方面的资料，查阅这些资料时要注意有效利用现代化的检索工具。

(1) 研究论文的查阅

最常用的检索工具是中国知网 CNKI 资源库，其中包括"中国期刊全文数据库""中国博士学位论文全文数据库""中国优秀硕士学位论文全文数据库""中国重要会议论文全文数据库"等，通过关键词的检索，可以查阅与所研究课题相关的大量论文资料；对于国外研究论文的查阅，就应用语言学研究来说，像"Oxford University Press 电子期刊数据库""ERIC 教育资源信息中心数据库"等都是很好的数据系统。

需要注意的是，查阅文献时，一方面我们应该详尽地占有文献资料，但有时相关资料太多，由于时间和精力有限，因此需要选择性地阅读。应该重点阅读那些核心期刊上发表的文章，例如，CSSCI 中文对外汉语教学领域的核心期刊：《世界汉语教学》《语言教学与研究》《语言文字应用》等；CSSCI 中国外语教学领域的核心期刊：《外语教学与研究》《外国语》《现代外语》《外语界》等，这些刊物都是本领域的权威学术期刊，上面刊载的论文代表了最新、最前沿的研究成果。

(2) 学术著作和工具书的查阅

可以利用大学图书馆或者中国国家图书馆的书目检索系统查阅相关文献，也可以利用一些馆际查阅服务系统查阅，例如，国内的"中国高校人文社会科学文献中心"（CASHL）、国外的"Worldcat"（联机计算机图书馆中心的联合编目库和联机书目数据库）等。也可以到本专业权威出版机构的网站上查询，还可以到知名的购书网站，如当当网、Amazon（含卓越网）等查询。

(3) 互联网资源的查阅

我们生活在互联网时代，需要学会善用互联网资源，例如，使用 Google 和百度等搜索引擎将会极大地便利我们的研究。不过，如果只给出一个单词进行搜索，将会发现数以千计甚至万计的匹配网页。因此，使用一些技巧缩小检索范围非常重要。可以参考以下几种方法：①多用几个关键词进行检索；②在几个检索词前都冠以加号（+），这样可以限定搜索结果中必须包含这些词汇；③用双引号把需要查找的一个词组或多个汉字括起来，这样只有完全匹配该词组（包括空格）的网页才是要搜索的网页（Google 支持这样的搜索规则）。例如，检索带引号的"应用语言学实证研究"这个词组，那么 Google 搜索引擎只搜索包含"应用语言学实证研究"（这个确切词组）的网页。

查阅的文献要与所选研究问题联系比较紧密，阅读文献时还应注意文章所引用的参考文献出处，这样就便于追根溯源，更加系统地了解所研究问题。通过对相关文献的查阅，了解前人所做的研究成果，不但能加深对相关研究问题的理论和研究方法的认识，从而得到启迪、发现有研究价值的内容，还能避免无谓的重复研究。

3. 根据主客观条件确定研究课题

在掌握前人与所研究问题的相关研究资料以后，需要一边阅读这些资料一边结合该问题进行深入思考，特别注意发现研究文献中忽视的一些问题、研究方法存在的问题、结果中相互矛盾的地方、存在的空白研究领域或者需要进一步验证的地方。

在选择和确定课题的时候，通常要考虑三个基本原则。

(1) 价值性原则

即所选课题必须具有研究价值，没有研究价值的课题是无意义的。价值包括理论价值和实用价值，一般来说，符合、能满足社会和学科理论与实践发展需要的客体就是有价值的课题。例如，符合应用语言学理论发展的需要，能满足解决英语教学实践问题的需要，能满足国家外语战略规划的需要等。

(2) 创新性原则

即该问题是前人没有解决或没有完全解决的问题，或是对前人已解决的问题提出新的解决办法。其研究结果应该是前人未曾获得过的,可以是理论上的新发现、新结论或新见解,也可以是新方法、新技术、新的验证成果。

(3) 可行性原则

在选择研究问题时要考虑现实可能性,必须从研究者的主客观条件出发,选择有利于展开的题目。一方面要考虑研究所需人力、物力、财力等客观条件是否允许,另一方面要考虑研究者本身是否具备相关的知识基础、技术能力,以及足够的时间和精力进行该项研究。因此,所选的研究问题应该是难易大小都比较合适的题目,对一般的研究者,特别是对新手研究者而言,我们不主张做大的选题,而是提倡"小题大做",选取一个焦点清晰、范围具体、角度新颖的题目进行多层次多角度的深入研究。

(二) 研究方案的设计

随着所掌握资料的增多和思考的深入,起先朦胧的想法逐渐变得集中、清晰和明确起来,形成了如何进一步研究该问题的初步思路,这样研究课题就基本确定了。研究课题确定以后,下一步的工作就是需要设计具体的研究方案。良好的设计是研究顺利进行的先决条件,是使研究取得预期结果的重要保证。在设计研究方案前,应该查阅一下是否有前人的类似研究可供参考,如果有,那么别人的研究是如何设计的,如何提出研究假设,如何确定研究目标、研究内容、研究对象、研究方法和研究过程,比较别人研究的措施与你设想的有何异同。"他山之石,可以攻玉",参考一下前人类似研究中的设计会给自己设计研究方案带来很多启发。

研究方案的主要内容是为如何开展研究制订详细的计划,一般来说,研究计划涉及以下内容。

(1) 确定研究类型。首先应该明确是哪一种类型的研究,是以定量分析为主的实验或调查类研究,还是以定性分析为主的个案或访谈类研究?不同的研究路径决定了研究方案设计的大方向。

(2) 提出研究假设。提出合适的研究假设是实证研究成功的基本条件。如果是有框架研究需要明确提出假设,如果是无框架研究,假设也要隐含在研究设计和研究过程中。假设应该用陈述句的形式,对变量之间的关系做出准确清晰、简洁明了的推测。

(3) 细化研究内容和目标。把要研究的问题细化成几个具体的问题,根据这些问题设置具体的研究目标,研究目标要根据研究问题的需要设定,要有针对性、可操作性和可检测性。

(4) 确定研究对象。选择合适的研究对象非常重要,如果研究条件允许,尽可能采用随机的方法选择研究对象和进行分组。即使研究条件不允许采用随机抽样的方法，选择的研究对象也应该具有较好的代表性，能够有效代表研究总体的情况。

（5）设计研究过程和数据收集的步骤。详细计划实验、调查、观察或者访谈等研究过程可以分为哪几个阶段，每个阶段主要完成什么任务，在各个阶段由谁、在什么时候、收集什么样的数据以及如何收集这些数据。

（6）确定数据的整理方式。数据的整理很重要，它直接影响数据的效度和后面统计分析。数据整理通常包括校编、分类、编码、再校核等步骤。

（7）确定数据处理和分析的工具和方法。目前应用语言学实证研究的量化分析工具主要有 Excel、SPSS、SAS 等，一般来说，如果是简单的描述性统计，使用 Excel 就可以，但如果涉及比较复杂的推断性统计，SPSS 更常用，SAS 的统计分析功能强大，不过目前使用的人很少。在确定统计分析工具的时候，还要计划好如何计算统计值、采用何种统计方法进行数据分析。

（8）对研究结果进行预测。预测研究结果是否可以解决本研究提出的问题，并初步考虑本研究结果将可以带来的理论或实用价值。

总之，制订一个设计周密、指标合理、科学性强而又切实可行的实施方案，可以保证研究工作的目的性、计划性，是取得高水平研究成果的关键。

（三）研究数据的收集

数据的收集方式对数据的质量有很大影响。我们主张在实证研究中最好由研究者亲自收集数据以保证数据的质量。

首先，就质性研究而言，无论是资料收集，还是研究报告的文本撰写，都是研究者个人因素参与的结果。在质性研究中，研究者资料收集的常用手段集中在访谈、观察以及实物收集等，而后研究者对这些材料进行编码、分析、得出研究结论、撰写研究文本，这一过程包含了研究者的个人意志与选择，是在研究者高度参与和控制下完成的，可以说质性研究一定程度上是研究者"个人化"的研究，因此，研究者的亲自实施是必不可少的。

其次，就问卷调查和实验研究等定量研究的数据收集而言，最好也能由研究者亲自实施，不过，如果是规模比较大的问卷调查，特别是调查的对象分布在不同的城市甚至不同的国家，研究者难以亲临每一个调查地点；或者是组别较多的实验研究，研究者无法同时亲自控制和操作这些实验。在这样的情况下，比较合适的做法是，实践培训协调参与调查或实验的人员，以保证问卷调查和实验的数据收集要求、标准和程序达到一致。

在正式开始数据收集以前，一般应进行小规模的试测。因为即使数据收集计划做得很充分，数据收集工具设计得很细心，但都不可能尽善尽美，难免会有缺陷。通过试测，将可以考察数据收集计划与工具的可行性、可用性和完善性，以便在发现问题后，还来得及进行必要的调整与修改，并积累实施本研究数据收集操作程序方面的经验。

（四）研究数据的整理与分析

数据整理是对调查、实验、观察、访谈等研究活动中所搜集到的资料进行检验、归类编码和数字编码的过程，它是数据统计分析的基础。

首先，要对原始数据进行审核和筛选，例如，调查或者实验是不是按要求进行的，调查或实验过程是否规范，答案或实验的效果是否做了完整的记录，数据是不是受试的真实反映等，以求去粗取精、去伪存真，整理出真实且具有代表性的数据。

其次，要根据一定的标准和研究目的，对数据进行分门别类的编排和编码。

再次，按照已选定的统计软件的格式和要求输入数据。

最后，数据分析，如果是质化研究，就要进行定性分析，运用相关理论，通过比较、归纳、演绎、分析、综合等方法进行；如果是量化研究，就要采用描述性统计、推论性统计、多元统计等方法进行。

（五）研究报告/论文撰写

研究报告或论文研究成果的集中体现，是把研究成果以恰当的形式传达给他人的重要途径，研究报告或论文撰写的好坏直接影响研究成果的价值和社会作用。研究报告或论文，从内容上看主要是对研究成果的描述、解释和讨论，从形式上看，需要遵循一定的写作格式。

（六）实证研究流程图

实证研究流程如图 3-1 所示。

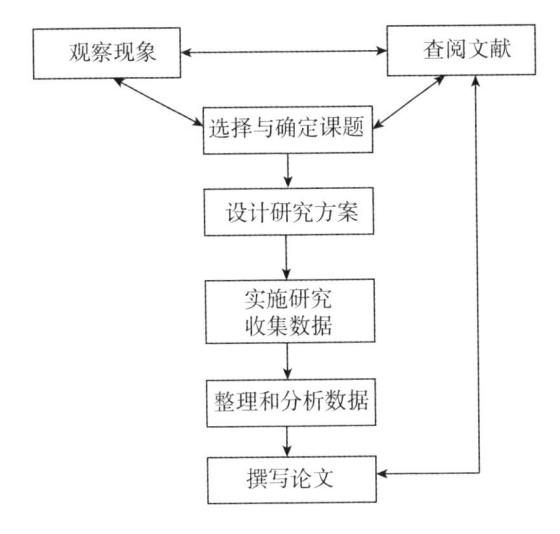

图 3-1　实证研究流程简图

第三节　实验研究

一、实验研究的概念

实验最初用于自然科学领域。我们都有在物理实验室和化学实验室做实验的经历。那些实验给人留下印象最深的是试管、化学药品、电线和其他一些材料。那么，究竟什么是社会科学领域的实验呢？在社会科学的实验研究中，研究人员在控制某些干扰变量以后，对一个或多个自变量进行调控处理，然后测量这些自变量对因变量的影响。实验研究包括下面这些基本要素：

（1）对一个或多个自变量进行调控处理；
（2）比较至少两组人或两种情况；
（3）测量受调控的自变量对一个或多个因变量的影响；
（4）采取措施控制干扰变量对因变量的影响。

两组实验对象，一组叫实验组，另一组叫对照组。如果要对这两组进行比较，他们之间除了实验处理不同以外，其他各方面都应该完全相同。换句话说，实验组接受某种实验处理，而对照组没有。一旦实验完毕，研究者必须对因变量进行测量。如果两组之间存在差异,差异就归结于是否接受某种实验处理。

问卷调查与实验研究的最本质的区别是前者的环境没有人为加工,而后者的环境接受了人工调控。典型的调控是让研究对象在规定的条件下接受某种实验处理。研究人员所进行的调控越多,所推出的因果关系就越有说服力。

二、实验研究的特点与要求

(一)实验研究的特点

实验是科学研究经常使用的方法,是科学方法的基本要素。在科学研究中,为了检验某种科学理论或假设的正确性,人们可以创造出一个人为的环境,引入可控制的变量,进行一些操作,观察记录它的变化和结果并加以解释或推断,这就是实验的方法。

应用语言学不同于本体语言学,它所做的不是本体语言与本体语言学同应用各部门结合规律的研究。它的目的在于解释语言在各种应用中的现象和规律,要努力解决实际问题。那么,为了调查语言事实,为了证明某个假设是否成立,为了验证某个理论是否有效,能在多大程度上有效,都不能不用到实验的方法。从这个角度上说,应用语言学也是一种实验科学。

实验研究涉及的范围比较广泛,有人把上面说的定量研究也看作实验研究。和传统的方法相比,实验研究方法表现出了自己的一系列特点。

1. 系统性

实验研究是严密的组织系统,有一套必须遵守的程序和规则。这些规则包括怎样找出变量,怎样设计实验以观察变量和决定变量的作用等。这使得实验比较容易地观察不同因素所起的作用以及特定因素所产生的效果和影响。

2. 逻辑性

实验研究所执行的规则和程序表现为直接明了的具有很强逻辑性的模式,以便使研究逐次展开,其中任何环节不可或缺。研究者可根据效度的需求对每一环节进行核查。可以在较有利的情况下进行观察,使观察精细,同时便于测量计算,比较容易取得可靠的研究成果。

3. 经验性

实验研究也是一种经验性研究。它便于观察在常态下不易观察到的情况,使研究范围扩大。实验研究从现实世界收集数据,与传统的数据描写的不同在于实验研究是通过控制和操作的方法来搜集数据,而传统的方法是通过自然观察的方法来搜集数据。

4. 简约性

实验研究不仅要描写事物，还要解释事物。它把个别事件或对象简约为可以理解的概念和范畴，去除一些特殊性和独特性，得到的是更为概括的事物间的相互关系，这是一个抽象化的过程。

5. 可重复性

一般来说，实验是可以重复的，因为实验的设计、数据的搜集、统计和分析都是有规则的和透明的，别人可以重复这些过程来检验实验结论是否正确，也可以使用这些结果进行别的相关研究。

（二）实验研究的要求

作为科学的研究方法，实验研究有自己的要求。

（1）要排除无关因素的干扰，使实验条件基本相同或完全相同。这在应用语言学的一些研究中很难做到，因此需要施加一些控制因素或采取控制措施，使实验顺利进行。

（2）要事先确定实验对象，同时要尊重实验对象。必要时，要将实验的意义与要求向受试者说清楚，以便在实验过程中更好地配合。

（3）要对参加实验的人进行培训。根据实验的任务和实验内容的需要，对诸如实验仪器的使用方法、测量的方法、实验的步骤、实验的记录、实验的手段与措施等都要做到统一，甚至测试的时间也要一致，这样，所得数据才更准确。

（4）要事先设计好实验方案。设计实验方案是一项非常重要的工作，它关系到实验的成败。实验方案设计得越细致、越周密，实验过程就越顺利，越好操作，越能保证研究计划如期实施。因此，必须认真对待，不可马虎从事。

这里尤其重要的是整个实验任务的理论背景。实验是理论渗透性很强的认识活动。理论不仅告诉你做什么实验，而且告诉你怎样进行实验。实验的实际进行包括对实验系统施加刺激以及操作、观察和测量。在实验过程中，研究者必须有足够的耐心，要坚持始终如一地控制好对实验结果可能产生干扰的各种因素，以保证实验的顺利进行并最终取得成功。

应用语言学在作为一种实验科学这个方面，与自然科学有重要的差别。应用语言学各部门的研究都离不开人的语言活动，而语言活动又是一种异常复杂的社会现象，其中种种不同的因素纠缠在一起共同起作用。因此，在使用实验研究方法时特别要注意对各种变量的控制。研究者必须要有明确、单一的实验目的。只有实验任务明确，才能在错综复杂的语言事实中通过简化的方法进行选择，把与实验结果有关的因素集中起来，使其处于可控制状态；排除那些与研究目的无关的因素的干扰。为此，还可以人为地改变实验对象所处的自然状态，创造出一个合理的实验环境。

三、实验研究的基本标准——效度

评价实验研究的基本标准是效度。

（一）实验效度的概念与分类

1. 实验效度的概念

实验效度是指实验方法能达到实验目的的程度，即实验结果的准确性和有效性的程度。

2. 实验效度的分类

在实验研究中，有内部效度和外部效度两种。

（1）内部效度

所谓内部效度是指所得到的因果关系在多大程度上能够得到圆满的解释。设想在实验研究中，研究人员成功地创造了一个环境。在这个环境中，只有自变量对因变量发生作用，其他变量都被有效控制。这时因变量的变化完全归结于实验的作用。这样的实验研究，我们就认为效度很高。换句话说，有内部效度的设计可以确保是自变量而不是其他变量引起因变量的变化。那些不属于研究范围的变量称为外部变量或干扰变量。控制干扰变量是取得内部效度的关键。

（2）外部效度

外部效度是指研究结果的推广性。推广性的两个主要方面包括研究对象和环境。研究对象的效度是指某一研究结果在多大程度上可应用到其他研究对象身上。"环境的效度"是指某一研究结果在多大程度上可推广到其他环境中。

（二）影响实验效度的因素

1. 影响内部效度的因素

影响内部效度的因素很多，有些与环境有关；有些与研究对象有关；有些与变量的测量方法有关；有些与研究对象的选择有关；有些与实验条件有关。下面我们来逐一描述。

（1）与环境有关的因素

环境因素是指影响实验进行的外部情景因素。噪声、温度的高低、时间的早晚、光线的强弱、通风的程度和座位的舒适程度等都可能影响实验的效度。

否则，这些环境因素和自变量一起发生作用，必然会搅乱自变量和因变量的关系。

（2）与研究对象有关的因素

与研究对象有关的因素包括受试者的成熟、受试者的流失和霍桑效应。

受试者的成熟是指研究对象随着时光的流逝而自然产生的变化。这种变化与自变量的作用没有直接关系。在二语学习中，随着二语学习者年龄的增长，生活经验的积累，知识面的扩大，他们变得逐渐成熟起来。这种生理、心理的成熟必然促进二语水平的提高。因此，如果一项研究持续好几个月，甚至好几年，研究结果必然要受到成熟因素的影响。

受试者的流失是指在实验过程中受试者中途退出。退出的原因多种多样。例如，实验令人乏味、耗时太多、要求太高，或实验的时间对研究对象不方便。作为研究者，一般很难确定中途退出的受试者是否与留下来的人具有相同特点。设想流失者属于学习动力不足、成绩差的一类，实验结果是否一定由自变量的影响所引起就要受到质疑。

人们把在社会科学里，受试者为取悦研究人员而产生的积极表现称为"霍桑效应"。例如，在研究任务教学法是否有效时，研究者告诉受试者即将参加的实验是为了检验新方法是否比传统方法好。在这种情况下很可能受试者认为自己能被选中参加实验班是一种荣誉，因此好好表现，以不辜负教师的希望。由于这样的原因，研究结束时，实验班的学生可能比对照班的学生成绩好。这时就很难说清楚这一结果是由于实施了任务教学法，还是霍桑效应的结果。

（3）与测量有关的因素

另一些可能会影响研究内部效度的因素是测量方法。例如，我们使用测试、问卷、访谈和其他手段来测量一个或多个变量。测量变量的方式可能会影响内部效度，这其中的重要原因有两个：测试效应和测量的不稳定性。

①测试效应。所谓测试效应是指由测试本身所引起的效应。产生该效应的情况多种多样，下面谈到的是其中的三种情况：

第一，测试效应可能会发生在收集数据的过程中。例如，如果前测与后测之间的间隔时间太短，研究对象就有可能还记得前测所给的答案。为了表明他们的观点一致，有些研究对象在后测时尽可能选与前测相同的答案。也有些研究对象在后测时揣摩出研究人员的用意，尽可能选与前测不同的答案。这样，后测答题的效度就会受到影响。

第二，前测的题目可能使研究对象意识到要研究的变量。结果，他们对变量敏感度的提高导致了学习效果的改进。例如，研究如何有效地让学生学会使用缩略形式。在教学之前，实验组与对照组参加了缩略形式的前测。接着，在教学过程中，实验组采用明示教学法教授缩略形式，而对照组没有。研究结束时，两组再次参加缩略形式测试，结果实验组明显比对照组考得好。然而，我们无法确定实验组的高分是仅仅因为采用了明示教学法所致，还是研究对象前测时对缩略形式的高度敏感也起了很重要的作用。

第三，当同一份语言水平测试反复使用，以确定学生取得的进步时，也会产生测试效应。后测的进步可能不仅仅是由教学所致。例如，如果同一份语法测试考了两次，在第一次考试中犯的一些错误在第二次考试时可能避免，原因是学生自己能够从错误中学习新东西。这样，研究结果就比较模糊，难以解释。

②测量的不稳定性。除了测试效应以外，研究工具的不一致性或不稳定性也会影响内部效度。设想对同一组学生实施两次不同的测试，一次是前测，一次是后测，目的是看看他们的成绩有没有进步。如果后测比前测难得多，那么很难说清楚两次测试的差异是实验的失败，还是由于两次测试的难度没有掌握好。

（4）与选择研究对象有关的因素

研究对象的选择可能也会影响研究结果。例如，研究者选择两组学生来比较任务教学法和传统教学法的教学效果。一组学生在研究开始前，就已经使用了某种教学法，他们对这种教学法就比较熟悉，也比较适应。而另一组要接受的是一种全新的教学法。这样，一开始这两组就不在同一起跑线上。因此，两组学生后测的差异可能不是教学方法的不同所致，而是由于事先存在的差异。有时，选择的研究对象是自愿者。一般情况下，自愿者都是学习态度比较认真、学习动机比较强的人。从这些自愿者身上得到的研究结果往往很难解释，因为我们不清楚研究对象的动机强度对研究结果产生了多大影响。

（5）与实验实施有关的因素

影响实验研究内部效度的因素可能与实验的实施有关。例如，实验时间的长短就是一个重要因素。设想你想比较学生相互批改与教师批改对二语写作能力发展的影响。如果你的实验只有4个星期，结果发现实验组的写作成绩并不优于对照组。根据这样的结果，你便得出以下结论：学生相互批改并不比教师批改更为有效。我们的问题是：二语写作能力的发展是一个缓慢渐变的过程，4个星期怎么能够显出明显进步呢？因此，这项研究的内部效度令人怀疑。

除了实验的时间长短之外，实验实施的方式也可能影响实验的内部效度。例如，你想研究"加注法"是否对提高二语写作能力有效。所谓加注法，就是要求学生在自己的作文中通过加注的方法说明自己写作中的困难，这样教师看到学生的加注后，就能根据提出的困难给予针对性的帮助。除了"加注法"以外，实验组与对照组的教学内容都相同。整个实验持续了一年。结果实验组在后测中比对照组作文成绩高得多。看起来，我们可以把实验组的好成绩归于加注法的实施。但这里我们忽视了加注需要时间这一重要因素。为了加注，实验组肯定每次作文所花的时间比对照组要多得多。这样一来，我们就很难说清楚实验组的作文水平提高是因为加注法，还是因为花了更多的时间，还是两者兼而有之。

最后，实验研究的内部效度还可能受到参与该实验的实施者个体的影响。例如，你请两个教师进行实验，一个教师教实验班，另一个教对照班。这两位教师的情况怎么样呢？他们是不是有相同的教学经历？他们的二语水平是不是相同？假如教实验班的教师经验比较丰富，而教对照班的教师相对经验不足，最终的结果实验班比对照班好，我们就很难说实验班的好成绩是因为实验所致，还是因为教师的丰富教学经验所致。

2. 影响外部效度的因素

做实验时，研究者总希望自己的研究结果能应用到其他学生或其他环境中。然而，与实验对象和环境有关的因素可能会影响其应用的范围。

研究对象的选择可能影响外部效度。例如，如果你想了解中国中学生的英语阅读策略，就不能选择外国语学校的学生作为样本。如果你希望研究结果应用范围广，在选择样本时就要谨慎。设想你正在研究如何有效教授/r/和/l/这两个音素。如果你这个实验放在设备先进的语言实验室里进行，整个程序严格控制，你就不能把实验室内的研究结果等同于普通教室内的研究结果，其原因是语言实验室的环境与现实生活中的普通教室环境很不一样。

四、实验环节步骤

实验一般来说可以分为三个步骤：（1）设计；（2）实施；（3）解释。

（一）实验的设计

实验包括很多环节：（1）通过观察或汲取他人理论形成假设，提出实验任务；（2）分析实验中一切需要加以控制的变化因素，可以运用的技术手段和工具，需要获得的实验资料的种类以及要求达到的准确度；（3）确定实验的步骤；（4）预测实验可能得到的结果。

（二）实验的实施

实验的实施必须有切实可行的实验方案，一般来说，实验方案应该包括以下内容。

1. 实验的目的与意义

在实验之前，首先要弄清楚本实验要达到什么目的，要取得哪些材料，查明那些实验因素各起什么作用，它们对完成课题都有什么影响等。

2. 实验的时间与地点

实验可能在多个单位进行，有的实验项目有时间要求，那么就应该全面考虑：如果各实验点不能在同一天开始，就要限制在一定的时间以内，不能无限制地延期。因为时间的推移或变化会影响实验的效果。

3. 实验的对象

在选择和确定实验对象时，要考虑到年龄、性别、民族、语言背景等基本情况。然后根据实验的要求，或按年龄、年级、性别、语言背景等分组（班），实验对象应有代表性、随机性，样本含量应符合统计学的要求。

4. 实验的内容与指标

实验的内容如果是比较简单的单一实验，很容易表达清楚；如果进行复杂的多内容实验，要将不同实验的名称和内容都表达出来。实验的指标要统一并标准化，要做到精确、客观、规范。

5. 实验队伍的确定与培训

要按照统一要求进行实验，必要时可进行培训。

6. 实验报告或总结

实验过程中，由于实验条件不完全相同，或者无关因素的干扰，使实验遇到这样或那样的问题，要及时进行小结。最后的实验报告或总结是根据实验的结果得出的结论，要将实验的问题、目的、过程、结果、经验等用文字的形式写成全面的报告，完成实验的研究。

（三）实验的解释

对实验结果的意义做出科学的解释或推断是实验的最后一步，也是极为重要的一步，它关系到实验的价值，即实验对促进我们认识所做的贡献的大小。

五、实验研究在应用语言学研究中的运用

实验研究在应用语言学各个部门研究中都普遍使用，尤其在语言教学、计算语言学的研究中，更是不可缺少的。下面举例进行说明。

（一）在语言教学研究中的应用

在语言教学中，实验研究也常被使用。如学习外语年龄的问题一度是一个热门话题。长期以来，人们凭零星的观察，得出外语学习年龄越小越好的印象。于是在我国曾一哄而起，提早在小学教外语，走入了一个教学误区。影响外语教学效果的因素很多，教材、教法、教具、教员、学员以及环境都是变量。如果想了解学员的年龄对学习外语的影响，就要把教材、教法、教具、教员等因素控制起来，使它们稳定不变，对年龄这个因素加以操纵：把学员按年龄分为若干个组，每组教材、教法、教具、教员等方面的情况大致相同，这样学习成绩、教学效果的变化就与学员的年龄直接相关了。

就上述问题，美国学者库克（Cook）通过 22 项有关的实验得出的结论是：应区别学习环境，即学习者是在自己的国家还是在使用目标语的国家。如果在自己的国家，年龄大的儿童比年龄小的儿童学得好些，成年人比儿童学得好些；如果是在使用目标语的国家，那么年龄越小的移民母语的口音越轻，成年人的自卑心理会影响他们的学习。

（二）在计算语言学研究中的应用

计算语言学往往面对的是一项项语言工程，每一项语言工程的提出和实施，都离不开实验，都有一个进入实验室、再走出实验室的过程。比如，要研制一个机器翻译系统。首先要提出一个设想，一个总体设计思路：是采用转换方法，还是中间语言的方法？是基于规则的，还是基于语料库的？这个设想即理论背景十分重要，它将决定整个实验系统的具体设计和安排。然后根据这个设计编制出一个小型或受限的形式化的语言模型，并写出执行程序，然后上机实验，观察它的结果，有不尽如人意的地方还可以反复修改，不断实验。最后根据观察到的结果推断出这一实验系统有多大的信度，即用这种方法能否做出一个实用化的翻译系统。如果有可能，实验继续进行，不断扩大语言知识库规模，反复实验，反复调试，反复修改，直至达到实用化的标准为止。如果不可能，实验终止，另辟蹊径。可以说，每一项实用化的语言工程成果都是这样从实验室中走出来的。

最后强调一下，语言研究中的实验研究极其复杂，必须考虑到各种各样的情况。语言离不开人，而人不同于其他物体，语言环境总会变化，重复实验很难。因此，在应用语言学研究中不应该单纯强调实验研究。

第四章　理论问题研究

任何一门学科的发展都离不开理论的支撑，因此，应用语言学的理论问题研究同样有着非常重要的意义。本章重点围绕应用语言学的交际理论、动态理论、中介理论以及潜显理论展开深入研究。

第一节　交际理论

一、交际理论的基本思想

国内外许多学者从自己的角度出发界定了语言，但是因为每个人的看法不同，因此得到的结果也就不同，这使语言的界定问题一直都没有得到真正的解决。不过，大家现在普遍认同的一个定义为，语言是人类最为重要的交际工具。这一定义之所以为大多数人所认同，主要是因为它是从语言的本质功能出发，而且最重要的是，它将语言最重要的一个属性揭示出来了，这个属性就是工具属性。

不过，很多学者很早就认识到语言不是一般的工具，它具有人文性。近年来许多学者重视这方面的研究，这跟对外汉语教学的发展有关，也跟我国社会语言学的发展有关。社会语言学重视社会因素，重视群体的特性。要注意的是：第一，这里说的人文性，不包括属于上层建筑的有阶级性的部分。第二，语言的人文性不仅表现在是文化的载体，还表现在运送—传播方面。

工具性和人文性不是二元论，交际是包含文化的交际。我们往往还是会简略地说语言是人类最重要的交际工具。不能因为没有说是文化的载体就一定片面，而是要看所说的交际里面是不是包含了文化。其实，说语言是文化的载体也不全面。更全面地说，语言是人类最重要的认知、思维、交际工具；也可以认为认知、思维是交际的一种方式，而只说语言是人类最重要的交际工具。

在相当长的一个时期里，中国的语言理论受索绪尔和斯大林的影响比较大。这些影响既有积极的，也有消极的。索绪尔的观点是，语言是静态的、平面的、共时的系统，为语言且就语言而研究语言，认为历时的研究都是要素的研究，纵横交错的研究既做不到，也没有必要；背景是对历史比较语言学缺陷的矫枉过正。斯大林的观点是，语言的本质特点是基本词汇和语法，因为基本词汇稳定，语法更稳定，总之是稳定；语法是组词造句的法则，含有词汇语言有静态的仓库和语法单纯研究结构的思想。

交际理论认为，世界万物要交换能量而存在、变化、发展。[①] 宇宙万物在相互吸引、排斥、中和中实现动态的平衡。社会中的人需要协调，需要交际，语言也因此产生和发展。语言存在于交际中，没有交际就没有语言，交际是语言发展变化的动力和目的，是决定语言现象的根本条件。语言生活的健康、丰富、活泼，是语言工作、语言研究、语言教学的目的和检验的标准。在交际面前，任何语言学流派、任何语言学家，都要遵循顺者昌、逆者衰的规律。

总而言之，交际是语言的本质，这是交际理论的基本思想；应该为语言交际而研究语言，这是交际理论的研究目标。交际理论是应用语言学理论的总纲。在交际理论的基础上，中国应用语言学界还提出了动态理论、中介理论以及潜显理论等。

二、交际理论的基本内容

（一）交际能力是最基本的语言能力

关于语言能力，人们有不同的看法。影响力比较大的是乔姆斯基（Noam Chomsky）1957年在《句法结构》中提出来的语法装置说。乔姆斯基认为，人天生具有语言创造能力。[②] 不过，他没有明确说语言的词汇语法方面也是与生俱来的。

无论如何，语言能力中，交际能力是最基本的。从语言使用的角度看，最好的情况是，"知其然"还要"知其所以然"。"知其所以然"的目的是进一步"知其然"，而不是跟"知其然"无关，甚至妨碍"知其然"。换句话说，语文教师的"语感"和"论感"都要强。需要强调的是，一些语言学家自己的语言不够生动活泼，还常常反对生动活泼，动不动就指责别人不规范，以深奥为能事，这种语言观是跟交际观格格不入的。这可能与以前主要受了语言知

---

① 夏中华. 应用语言学 范畴与现况（上）[M]. 上海：学林出版社，2012：22.
② 于根元. 应用语言学的历史及理论 [M]. 北京：商务印书馆，2009：82.

识能力的教育而没有受到应有的语言交际能力的教育有关。

(二) 在多样的语言交际中实践语言交际能力

过去的语言教育也提倡语言实践，但是这种实践常常是在"温室"里进行的。1951年提出纯洁语言，1997年12月全国语言文字工作会议提出语言文字不搞纯而又纯，这是语言应用观念的一个重大改变。语言是为人服务的，人不纯怎么谈语言的纯？退一步说，即使人纯了，纯的人学习语言也有个过程，在学习过程中的过渡语是不到位的、不规范的，也还是不纯。而且，不规范的语言现象也会新生的。

语言教学可以用模拟的方法，但是注意要让学生知道生活实际中的应用情况。有些方言区的人学习普通话还不错，可是到了北京，就听不懂了，因为他们一般只听广播电台、电视的普通话，稍有变化或者不是很标准就听不懂，恐怕也是一种欠缺。教外国人学汉语也有类似的问题，有些外国人因此到街上去学习普通人实际交际的语言。

(三) 交际值是衡量语言规范的标准

语言的基本功能是交际，规范是为了更好地交际。交际到位的程度——交际值或者交际度应该是衡量规范的基本标准，应该把规范同规则或者某些文本上的规定区别开来。不应该有妨碍交际的规范，规范同稳定没有必定的关系。规范或者不规范也不看过去有或者没有这种说法，而是看现在是否需要这样说和语言的系统是否允许这样的说法出现。

我们说它可以用，要说出道理；说它不可以用，也要说出道理。现在比较流行的"如果这个说法可以成立，那么什么什么也都可以说了"的论证方法本身就有许多不妥。因为语言现象的类推是有条件的。近年来不少学者进行语言现象延伸的研究是很有意义的。此外，"那么什么什么也都可以说了"的反证的论据往往也仍需要论证。

(四) 语言交际能力的实践不是一次性完成的

语言素质是有层次的，小学生的语言素质同大学生的语言素质不同。大学生也要进行语言交际能力的实践。素质可以提高，也可以滑坡；素质不是单一的，是综合体。语言是发展的，不顺应、引导语言的发展，轻则素质滑坡，或者起初的基本素质实践就有根本性的缺陷；重则会对语言的发展反感。实际上语病也处在不断地潜显过程中。

语言素质是不进则退的。人们经常说："当教师的给学生一杯水，自己要有一缸水。"说的是教师要有充足的积累,教师更要不断地充实新知。教师应该生活在活水里面,成为活水的一部分,并且努力给水增加活力。学生头脑里要有自动升级的程序。其实,自动升级的能力是人本来就有的,语文教学就是唤醒学生这种与生俱来的语言能力并且帮助它发展。

交际能力并非一次性完成还表现在语言的时代性上。应该让学生学习鲜活的语言,已经有学者提出中学生要多读些时文。古代的语文教学一是为了启蒙,二是为了解经,启蒙没有什么不好,不够的是启蒙之后怎么办,在学习的层次性方面不够。解经,如果经是值得读的,这也不错,不够的是经也是要发展的,经的语言表达也要发展,在鲜活方面不够。学习还要有一定的量和质,一定的量,可以内化,可以生巧;一定的质,可以提高层次。

(五) 语言创新能力的重要性

除了语言知识能力、语言交际能力、语言研究能力之外,还有一个更重要的、更高层次的语言能力——语言创新能力。人们常说的语言灵气,主要在语言创新方面。

《马氏文通》后序说:"世界上一切人种,不论肤色,天皆赋于心之能意,意之能达之理。"这和乔姆斯基的语言"与生俱来"说颇为相像。这一观点,"今天的学者耳熟能详。然则马氏在一百年前得现代语言理论风气之先,是中国语言学的骄傲"[1]。

创新部分源自稳定部分,且只能从稳定部分获得,但是,需要提醒的是,稳定部分与创新部分是不固定的,当初的创新部分今天也会成为稳定部分。创新在教学中发挥着重要的作用,从教材方面来看,教材内容要创新,给学生提供更多新颖的知识;从教师方面来看,教师要积极引导学生参加创新活动。所有的语言示范者都要将自己的表率作用发挥出来,一方面可以通过语言规范发挥出来,另一方面可以通过语言创新发挥出来。教师在对学生开展语言测试时,还要将语言创新测试纳入语言测试体系中。

创新不等于降低层次,不等于奇谈怪论,不等于一般形式上的变化。教师要留心好的语言现象,要提高创造语言的能力,及时调整语言观。这样,学生不仅会得到知识和打开知识宝库的钥匙,而且能够自己找到知识的宝库,并锻造打开知识宝库的钥匙,能吸取提炼前人的宝藏,为世界增添宝藏。

---

[1] 于根元. 应用语言学的历史及理论 [M]. 北京:商务印书馆,2009:82.

第二节 动态理论

一、动态理论的基本思想

科学理论告诉我们，运动是绝对的。世界上的物种分成生物和非生物，生物里分成动物和非动物，动物当然是可以自己运动的。人是最高级的动物，语言又是人使用的，其运动性质并不难理解。交际是一种活动，语言存在于语言交际活动之中。因此，语言也是活动的，不断发展变化的。事实上，为了沟通的方便，人类的交际形式必然发生变化，这是语言发展变化的动力。

物体运动的速度是不同的。物体运动速度相对比较慢的叫稳态，运动速度相对比较快的叫动态，或者说稳态是动态里的一种状态。语言的运动是一种新陈代谢，从古代汉语到现代汉语，从 1949 年以前的汉语到现在的汉语，新词不断地产生，过时的词语不断地隐退，新的用法不断地出现。可以说，语言的运动从来就没有停止过，也没有人和力量能够阻止语言的运动。在这个意义上，动态是语言的本质。

语言的动态性人们早就看到了。汉朝的王充把语言现象的变化归结为"古今言殊，四方谈异"（《论衡·自纪篇》）。扬雄的《方言》在实践上证实了因地域和古今的不同而称说有别，解释出方言纷繁变化的现象；扬雄死后 300 年，东晋郭璞给《方言》作注，他注意到通语在 300 年的发展过程中，又不断从各地方言吸收有益的成分；到了明代，陈第提出了"时有古今，地有南北，字有更革，音有转移"[①] 的观点，进一步阐明了语言文字变化的情况和原因。

近年来，中国应用语言学界逐步把语言动态性的认识提升到理论的高度，并把它运用到语言应用研究中，提出一系列相关的看法。

二、动态理论的基本内容

动态理论主张用动态的眼光看待语言，语言应用和语言研究大体上可以包括三个方面。

[①] 李开，顾涛. 汉语古音学史 [M]. 上海：上海古籍出版社，2015：16.

（一）对语言动态性的认识

所谓语言动态性的认识，是指语言以动态的方式存在于人们的交际中。人们早就看到了语言是动态的，问题是如何看待语言的动态和静态的关系和地位。由于结构主义语言学的影响，很长一段时期里人们习惯于把静态看作语言的本质特征，认为动态只不过是对静态的使用，是静态在使用中的表现。语言的动态观则认为，语言的动态是语言的主导方面，静态只是运动速度相对平衡时的一种存在形式，是一种为了研究、说明、解释的需要而假想出来的状态。

语言是一个不折不扣的大系统，系统中的每个要素都处于不断的运动中，但是其运动的速度却存在着明显的差异。语言系统各要素的变化不仅会影响其他要素的运转，而且会对整个系统产生影响。不过，需要指出的是，语言的运动是有规律可循的，一般来说，它表现出以下三种不同的运动类型。

吸收方面，针对的对象为新词。吸收新词的途径有很多，可以是从旧词中来，也可以创造新词。

隐退方面，语言运动也表现得非常充分。以新词语的隐退为例，有学者研究了近些年某些汉语新词语的隐退情况，发现某新词词典中所收录的五十年前出现的上千条新词中，已经有十分之一极少使用。词语的隐退，历史上的例子也是举不胜举。

所谓中和，这里的意思是在吸收的过程中加以改造，以及开始时人们不认可后来又认可的成分。"胡同、戈壁、克隆、迪斯科"等都是按照汉语的语音系统加以改造而进入汉语的，属于前者，而"有没有+VP"则属于后者。

（二）对语言认识的动态性

应用语言学解决的是语言在应用过程中的问题。无论是从实践到理论，还是从理论到实践，都是一种动态活动，尤其是实践与理论的互动更是一种动态活动。通过对语言认识的深入，可以发现，这种认识不仅是一种实践性活动，而且是一种理论性活动。

从理论认识层面来看，语言是一种社会现象，且该社会现象不仅非常特殊，而且非常复杂，这让人们无法迅速对它展开全面的认识。经过古人、今人的努力，人们越来越了解语言，但是这种了解的过程永远都不可能停止，因为语言是动态发展的，对语言的认识也就会处于动态发展中。语言的运动有极速运动，也有慢速运动，语言文字工作中存在的进退行为，其实也与语言的运动规律相一致。

语言文字工作的进进退退受到整个社会的大的政治气候、语言政策、语言决策乃至语言观念等多种因素的影响。近百年来，中国的语言文字工作有三次大的"进"，两次大的"退"。

从"五四"时期到20世纪30年代为第一次大的"进"，主要表现在大力开展白话文运动、国语运动、大众语讨论、注音字母运动以及国语罗马字运动和拉丁化运动，取得了较大的成绩。第二次大的"进"是20世纪50年代初期到60年代上半期，主要表现在完成并巩固白话文运动、大力推广普通话、进行文字改革，积极开展现代汉语规范化工作，也取得了很大的成绩。20世纪70年代末以来，我国的语言文字工作出现了第三次大的"进"，主要表现在积极普及普通话，继续推动文字改革，加强语言信息处理，进行语言文字立法工作，促进现代汉语规范化、标准化等。

中国语言文字工作的第一次"大退"发生在20世纪30年代末到40年代末。这个时期国家处于战争状态，除了部分学校和部分地区（如延安等地）还在教学"国语"和推行拉丁化新文字外，全社会性的语言文字工作几乎完全停顿。第二次大的"退"发生在20世纪70年代末到80年代末。今后语言文字工作或许还会出现一些"退"的现象，这几年出现的语言热或许还会降温，但可以肯定的是，语言文字工作会在曲折中继续前进。

认识语言文字工作发展的规律具有重要的理论意义，它提醒人们注意，语言是社会的，动态的；语言文字工作也是社会的，动态的；语言文字工作不能脱离社会时代背景进行，必须遵循语言文字的发展规律；不按科学规律办事，不深入调查研究，盲目冒进，就会影响语言文字工作的正常开展，甚至会使工作发生倒退。推动语言文字工作的动力基础是应用，无论是从社会方面还是自然方面去研究语言，落脚点都是应用。如果社会不需要，语言文字工作就不能发展；如果社会需要，语言文字工作不能及时满足这个需要，甚至有所阻碍，社会不满，也会影响语言文字工作的发展。

（三）语言研究要动稳结合

第一，对语言的动态性予以重点强调，并不意味着是对语言稳态研究的反对，因为纯粹的动态研究是不存在的，纯粹的稳态研究同样也是不存在的。为了让人们更好地交际、提高自身认知能力，语言总是会进行自我调节，这可以从以下两个方面体现出来：其一，语言在发展过程中总是会产生一些新的语言要素；其二，语言系统内部会保持一定的平衡性，从而使整个语言系统都保持稳定。

第二，无论是动态的研究还是稳态的研究，都要为动态的交际服务。有时，稳态的分析有利于看清某些语言现象，揭示某些规律，这是一个重要的、不可替代的视角。结构主义语言学对语言学的巨大贡献和生成语言学对当代语言学的推进，都得益于语言的"静态"观。以现代汉语为例，到底有多少个元音，多少个辅音？不考虑相对的稳态，不考虑音位，麻烦就多了。

第三，以运动的眼光来研究相对稳态下的语言单位、语言要素是有意义的、有价值的，犹如实验室的研究、解剖、静物写生。有时要在动的情况下才能研究本来是动的事物的静，两个物体基本同步运动才能形成彼此相对的静。

从索绪尔以后严格区分了共时研究和历时研究，但把二者割裂开来是不对的。历时研究可能局限于语言要素的研究，但不是必然导致不能进行语言系统的研究。语言系统存在于语言的历时和共时之中，可以突破历时和共时的严格限制。动稳结合研究中要重视语言的"例外"，所谓语言的"例外"，往往是通往语言的上层或者下层进一步考察的通道。语言不是封闭的、"圆的"，不要强调语言研究论证的"自圆其说"。

以上的三个方面是密切相关的，认识到语言的动态性，把动态看作语言的本质特征，自然会使人们对语言的认识随着语言的变化不断调整，这就形成了动稳的结合。

三、动态理论的意义

事实上，动态理论渗透在许多方面，归纳起来有以下几点：

第一，语言是变化的，使用者不进则退，学习语言不能一次性完成；

第二，语言是变化的，语言不发展是最大的不规范；

第三，语言交际能力是语言运用的能力，语言交际能力的测试应该在语言实际交际中进行；

第四，语言使用不使用，评价语言使用是否规范，不是看过去有没有这样用的；

第五，语言的中介现象是运动的；

第六，语言的新颖色彩造成了语言的色彩是个动态的系统；

第七，语言是个巨系统，语言的运动具有惯性，语言工作、语言研究、语言教学都要适度超前，不能追求立竿见影，要重视后效应；

第八，语言运动的方式和层次是语言的个性；

第九，语言发展的外部动力是社会的发展，语言的发展还是社会发展的组成部分。语言的发展一定程度上反映了社会的发展，对一个较长阶段语言生活情况的总的估价，与对一个较长阶段社会的发展以及语言工作、语言教学、语言研究的总的估价，是密切联系的。

第三节　中介理论

一、中介理论的概念

自然界和人类社会中都存在着大量的中间状态，这是人所共知的，人类的语言也是如此。语言单位之间，语体之间，人们学习语言的过程中，以及语言接触融合的过程中，都有所谓的中间状态。现代应用语言学理论把语言中的这些中间状态称为中介现象。语言的中介现象是一种非常复杂有趣的现象。它涉及语言使用和语言研究的许多方面。正确认识语言的中介现象，并在此基础上对有关语言问题进行研究的理论可以称为中介理论。

二、中介理论与语言研究

中介理论认为，语言和其他现象一样，存在着中间状态，语言研究对此不应该回避，更不应该忽视。自从结构主义语言学产生以来，人们已经习惯于二元分类研究，对语言的每一个方面都希望通过二元分析来解决。无论是单位的确定、层次的切分，都如此处理。

例如，在语音上，认定不是元音，就是辅音；在词汇上，认定不是词就是语素或短语；在语法上，认定不是有定，就是无定；在方言的区分中，认定不是 A 方言，就是 B 方言。这种思想甚至影响文字性质的认识。不少现代汉语教材认为，世界上的文字，可以分成两类，一类是表音文字，一类是表意文字。类似的例子很多。现在人们逐步认识到，这是与语言事实不相符的。

先看一个语音的例子。汉语的音节应该说是非常明显的。一般情况下，一个字就是一个音节，因而，不少人以为在自然语言理解方面汉语有优越性，好处理，不像一些外语那样不好切分。然而，实践证明，汉语的音节之间并不是那么回事。从发音的或者声学的记录来看，不要说音节内部一个音素与另一个音素难以切分开，就是听起来清清楚楚的一个音节与另一音节之间也很难断然划界。原因在于，同样一个音节在不同的上下文语境里具体发音是不同的，要想一下子掌握一个语言里每个音节所有环境里的具体发音的变化不是一件容易事。

从发音的过程来看，也是这样。例如，人们说话时，发音器官是怎样从一个音节到另一个音节的？通过仪器实验，人们发现，人在说话时并不是发完一个音，发音器官先恢复到原始静止的位置，然后再转到发第二个音；而是在发前一个音时，后一个音的发音准备动作就开始了，这种动作就叠加在前一个音的发音动作上；同时，由于惯性的作用，前一个音的发音态势要在后一个音正式开始以后一段时间才能逐渐撤离。

语义的中间状态更是早就为人所注意。例如，许多时间词所表达的时间概念是难以划界的，如"早上"和"上午"，"晚上"和"夜间"等。又如，表示年纪的"青年""中年"和"老年"等也是如此。

语法上的中间状态人们最初似乎没有充分意识到，因此常常就一些语言现象发生争论。但是到后来，人们才发现其间的许多争论是因为中间状态造成的。词类划分可以说是典型的例子。人们过去已经认识到词的兼类，但是所谓兼类的概念并没有反映出中间状态。

人们在动词和名词之间、动词和形容词之间、形容词和名词之间都找出了所谓的兼类。例如，"代表"这个词就是兼有动词和名词两类特征的词。并且，人们以是否有意义联系来区分词的兼类和同音词。比如，把"代表"看成兼类词，而把"锁门"的"锁"和"一把锁"的"锁"看成两个不同的词。这说明汉语词类中的情况是比较复杂的。

事实上，上面这几个词的情况可能还不是问题的全部。更复杂的是另外一些词。例如，一些语法著作提出现代汉语中一些动词要求跟动词性宾语，如"进行"（进行斗争）、"加以"（加以解决）等。其实情况可能并不是那么简单，如我们可以说"进行坚决的斗争""加以认真的解决"等。在这里，按照一般的说法，"坚决的斗争"和"认真的解决"应该是名词性短语。

除此以外，结构层次上和各级语言单位间也有中间状态。例如，汉语语素和词、词和短语的区分之所以非常困难，除了传统上所说的各级语法单位构造上的一致性以外，还有一个重要的原因就是汉语各级语法单位间本身就有中间状态。

还有像"有定"和"无定"，有人指出，如果从交际的角度看，按照汉语的虚实观念，所谓的有定、无定可能是非常复杂的。例如，可以分成四种类型：

（1）说者实指，听者也实指；
（2）说者实指，听者虚指；
（3）说者虚指，听者实指；
（4）说者虚指，听者也虚指。

类型（1）是明显的有定，类型（4）是明显的无定；类型（2）和（3）

处于中间状态，其中类型（2）靠近类型（1），是准有定；类型（3）靠近类型（4），是准无定。

语用上的中间状态表现在许多方面，最明显的是语体有中间状态。传统上把语体分为口语体和书面语体，实际上口语体中有书面语体，书面语体中也有口语体。典型的例子是节目主持人所使用的口语，这种口语既不是初始口语，也不是书面语，只能是中间状态。

此外，就连疑问句中的设问和反问，称谓中的面称和背称之间也有中间状态。就以设问和反问来说，过去人们认为设问本身不表肯定或否定，自问自答；反向本身表示肯定或否定，问而不答。然而事实证明，二者中间存在着中间状态。

既然人们对语言的观察和描写不符合语言事实，那么所概括出来的理论就必然缺乏解释力，其操作方法也必然会遇到许多麻烦。为了避免这些麻烦，就不得不绕弯走，而越绕问题也就越多。例如，像"这本书的出版"之类，为了能够自圆其说，有人把"出版"看成动词的"名物化"，有人则说它仍然是动词，似乎都有自己的理由。表面上看来这些只是处理方法问题，实际上这涉及对汉语自身的认识。为什么这些词可以"名物化"？是不是所有的动词在所有的情况下都可以"名物化"？恐怕不尽然。这些词可以"名物化"，可能就是因为它们本身处于中间状态，当需要动词的时候就表现出动词的特征，当需要名词的时候就表现出名词的特征。

现代汉语中的介词和动词的区分也很能说明这个问题。汉语的介词基本上是从动词来的，因此，不少介词至今仍有动词的某些特征，这就使人们区分动词和介词时有许多麻烦。其实，这里所反映的正是汉语词类的一种过渡状态，它证明汉语的词类是动态的，汉语也是发展变化的。这也进一步说明，在共时和历时之间没有截然的界限，不能把共时和历时完全对立起来。由此可见，中介理论的提出无论对于认识语言的本质，还是进行语言分析，都具有重要的意义。

三、中介理论与语言规划

语言规划是社会对语言的有意识地干预。在制订语言规划的过程中，必须考虑语言政策的制定。因为语言政策的正确与否直接关系到规划能否实现。而实践证明，中介理论的提出对语言政策的制定是有影响的。

应当承认，中华人民共和国成立以来我国的许多语言政策是正确的，但是在一些问题上一直有争论。例如，语言规范化问题多年来争论不断。在大多数情况下，规范和不规范是非常明显的，这就是所谓的两端，而有争议的往往是中间状态。一个语言现象出来后，有些人说这是不规范的，甚至给予强烈的批评，但是这种批评有时候似乎是无效的，根本无法阻止这种现象的产生甚至是蔓延，最终的结果是追认合法。

中介理论对这一问题可以做出令人信服的解释。一些学者在中介理论的基础上提出了规范度的问题。于根元指出："中介物不只是一个或几个点，两端也不是两个点。""交际即使是比较规范了，还有个规范度……规范要放到人们活的交际活动里去……交际效果好就是交际度高，规范度也就高。"①

规范度的提出对语言规范化具有重要的意义。任何一种语言的使用者，无论是学习母语标准语还是学习第二语言，都不可能一次完成。学习是有过程的，在学习的过程中逐步向规范靠拢，合乎规律的规范度不够的情况不应该笼统地指责为语病。根据中介理论，语言规范是有层次的，不规范也是有层次的，规范的层次不同，要求也就不同。对于语言学习来说，可以分阶段提出规范的要求。例如，对于"恢复疲劳"这一用法，按照中介理论，就不能算是不规范的，当然也不能算是好的。可以说，绝对的规范是没有的。实践证明，用中介理论来观察语言应用，符合语言应用的规律，因此也就有助于提高语言学习者的积极性。

以我国推广普通话为例，说明中介理论的重要作用。

尽管我们在全国范围内推广普通话，但是方言还是大量存在。方言和普通话总是"同中有异，异中有同"。方言区的人学习普通话不像学习第二语言那样一字一句地学，而是自觉不自觉地比照方言类推地学，因此，他们受到方言母语的干扰要比第二语言学习中更大。

过去人们更多注意的是方言和标准普通话的研究，而语言事实告诉我们，普通话的标准虽然只有一个，但是在标准的普通话和方言之间却有很大的过渡地带存在，可以把这一过渡地带中的普通话称为方言普通话或地方普通话，这就有了方言、地方普通话和普通话三个层次。

所谓地方普通话主要是由普通话和方言集合而成的，但是这种集合并不是简单混合，而是有着特定的规律。它可以分为好的、较好的和较差的等不同层次。这些不同层次的地方普通话都可以称为过渡语。随着普通话水平的提高，它们都在向普通话靠拢：好的向标准普通话靠拢，较差的和较好的向较好的与好的靠拢。正确认识这个"过渡地带"直接影响"推普"工作，也影响我国的语言规范化工作。

方言向民族共同语集中是现代社会中语言发展的基本规律。但是，"集

---

① 于根元. 应用语言学概论 [M]. 北京：商务印书馆，2003：107.

中"的过程和途径是什么？在什么条件下进行得快，民族共同语的规范程度高？什么情况下进行得慢，民族共同语的规范程度低？通过过渡语研究，这些问题或许会有新的答案。而这些答案对于推广普通话又具有重要的指导作用。

目前我国把普通话水平测试分为三级六等，既注意到了语言学习规律，也注意到了对语言使用者的不同层次的要求。因此，"推普"取得很大的成绩就不难理解了。事实上，这种中介现象的初步观察和研究已经给我国的"推普"工作带来了良好的效益。当然，这种过渡语的研究意义并不仅限于推广普通话方面，我们还可以通过这些研究，探讨语言的发展和社会经济、政治、文化教育的关系，语言的习得和人们的文化修养、社会职业和思想习惯的关系等。这些无疑也是社会语言学的重要内容。

规范度的问题不只是在推广普通话中才有。语言规划和语言政策涉及的范围很广，同样，中介理论对语言规划的影响体现在其他许多方面。以聋哑儿童语言康复为例。聋哑儿童语言学习过程中，也有一个逐步向主流社会靠拢的问题，他们在不同的阶段出现的问题是不同的。这就要求在制定语言评估标准时，充分地考虑聋哑儿童的实际情况，制定出切实可行的评估体系。

四、中介理论与第二语言教学

中介理论近年来在我国对外汉语教学领域受到了广泛的重视。不同的是，该领域的学者把这一理论称为中介语理论。事实上，中介语理论应该是中介理论的一部分。

关于中介语的定义、性质和特点等，目前学术界并没有形成完全统一的看法。一些学者指出，一个母语，一个目标语，在两个相隔一些距离的圆圈之间横跨两个圆的圆圈是中介语。有的学者则认为，上面两个圆圈的外面还套了一个圆圈一起运动，因为母语本身还在变化，母语的学习也是无止境的。这虽然是比喻，但却不乏卓见。

另外，我国语言学界在使用"中介语"这个概念时所指的对象也不相同。狭义的中介语指第二语言学习者学习过程中所形成的一种特定的语言系统，而广义的中介语则还包括地方普通话那样的过渡语。普通话的过渡语和第二语言教学中的过渡语在性质上是有不同的，应该把二者区别开。

我国对外汉语教学界一般使用狭义的中介语的定义，这里也采用这个定义。就狭义的中介语来说，又有两层含义，一是指学习者语言发展过程中某一特定阶段的稳态系统；二是指从甲阶段发展到乙阶段的动态轨迹。中介语研究的重点在于描写和分析动态轨迹，而对动态轨迹的描写必须以稳态系统的描写为基础。但不管怎样，可以肯定的是，中介语这种语言系统在语音、词汇、语法、语用方面既不同于学习者的第一语言，也不同于目标语，而是一种随着学习的发展向目标语的正确形式逐渐靠拢的动态语言系统。

我国对外汉语教学界在20世纪80年代引入中介语理论，主要目的是要解决汉语作为第二语言教学中的学生的偏误问题。然而，我国语言学界在20世纪80年代提出中介理论和对外汉语教学界引入中介语理论不是简单的巧合，这是我国语言学和应用语言学发展中必然的产物。一方面，近年来，我国的语言学和应用语言学的理论得到了很大的发展，人们对语言和语言应用问题的认识不断加深；另一方面，随着我国对外开放和经济发展，把汉语作为第二语言来学习的人越来越多，对汉语教学提出的问题也就越来越多，促使语言教学和研究工作者开始更多地关注一些理论问题。同时，由于改革开放，我们有条件从国外引进一些新的理论和方法。

五、中介语的主要特点

（一）系统性

中介语的系统性指的是学生在使用目标语时虽然会出现错误，会与目标语系统有差距，但仍然依照一定的规则，而不是任意的。学生的语言行为受到中介语系统的支配，这与使用母语时的情况完全相同。

另外，人们通常会遇到学习者在学习使用目标语进行交际的过程中犯错误，其实这些错误是以目标语言的语法体系作为衡量的标准来判断的，如果依学生的中介语系统作为标准，这些所谓的错误就需要打上问号了。事实上，我们已经看到，中介语是自始至终的，也就是说，所谓中介语，只是一种假设，它的两头也都是中介状态。既然是中介语，就会有偏误，就是不到位，就是不标准，就是不纯。

（二）动态性

所谓动态性指的是中介语系统不管在什么时候都是不固定的，都可进行改变和完善，它们总是随着时间的推移而不断地演变和发展。这就是说，中介语系统总是处在不断修改与扩展的过程中。学生在目标语获得过程中不断地接受新的规则，做出新的假设，并逐步地修改假设，使中介语系统向目标语言系统逐渐靠拢，因此，中介语系统总是处在不断变化的过程中。

（三）顽固性

中介语在向目标语靠拢的过程中不是直线形的，有的错误虽然得到了纠正但是仍然会重新出现。研究表明，中介语不仅仅在初学者中出现，即使那些第二语言掌握得非常好的学习者，仍然会表现出中介语的痕迹。这就是中介语的顽固性。所谓的"孔拉德现象"和"基辛格现象"，指的就是这一情况。

中介语的顽固性有许多原因，通常认为有以下几个方面：

（1）大脑灵活性的减退；

（2）不适当的抽象概括；

（3）不能产生移情作用。

认识到中介语的顽固性，有助于正确认识语言学习的规律，有利于正确确定语言学习的评估指标。

（四）能动性

所谓能动性主要是指第二语言的学习者在学习第二语言过程中所表现出来的创造性。研究表明，第二语言的学习并不是简单地模仿，学生在第二语言学习中往往会主动采取一些措施，这些都可以在中介语中体现出来。

例如，在结构方面学生常会采取转用的方法，即如果第一语言和目标语中有相似的结构，中介语中就会出现第一语言中的结构形式。学生的能动性还会表现在规则泛用。这些结构在中介语中出现的频率要比在第二语言系统中高得多。

另一种能动的方法是结构回避，第一语言系统中如果没有第二语言系统中的某些结构，那么这些结构对学生来说相应就要难学一些，第二语言的学习者在表述某一概念或意思的时候，如果使用目标语表述比较困难，就会采用自己所熟悉的中介语中的概念或形式来表述。按照目标语的标准来看，这种表述可能是错误的，这就是传统的语言对比分析中的所谓偏误。这时，其具体反映不体现在错误上，而是体现在中介语中的结构缺省上，而结构缺省则是由于学生采取的回避策略所致。可以认为，能动性是导致中介语的重要基础。

中介语的研究是在第一语言研究的基础上发展起来的。20世纪60年代，受乔姆斯基语言习得机制观点的影响，人们对第一语言习得进行了大量的实验性研究，结果表明儿童的早期语言有其独特性，它不同于成年人所使用的语言，而且处在不断发展的过程中。应用语言学家和心理语言学家利用第一语言获得的研究成果来重新审视学生的第二语言行为，并试图从不同的角度对中介语进行研究。

一般认为，中介语的发展不同于第一语言的发展。中介语发展到一定阶段后便容易僵化，这就导致了绝大多数第二语言获得者很难有完善的目标语能力。产生僵化的主要原因是语言转用。然而正常儿童在第一语言获得的过程中，却不会出现僵化现象，他们最终都能获得与成年人相同的语言能力。

也有学者把中介语系统作为一种受规则支配的语言行为来进行研究。按照这种观点，中介语语法同样要受到语言共性语法的限制，因此对中介语系统的分析应从其规律入手，探讨中介语的特点。中介语从本质上说是不完善的，总是处于一种波动状态之中。学生在用第二语言表意时，可能会借用第一语言的规则或是歪曲和过分概括目标语的语法规则。

中介语的概念对于第二语言教学具有重要意义。其中最重要的是，它改变了以往以"教"为中心的传统模式，把语言教学的着眼点转向学生的学习，促使人们对于教和学两个方面的有关因素进行对比研究。通过对中介语的研究，可以了解学习者的学习和习得的过程，有利于针对学生的学习规律安排教学，更好地提高教学效果。

总之，中介语理论从动态的角度，把语言学习尤其是第二语言学习看作一个不断接近目标语的过程，这就厘清了母语对第二语言学习的影响，揭示了从语言输入到语言输出这个中间过程的奥秘，因而中介语研究在语言学习理论研究中具有重要的价值。

六、中介语的研究方法

尽管可以根据性质的不同，区分过渡语和中介语，但从研究的方法上来看，过渡语和中介语又的确有许多共性。或许这正是一些学者更乐意采用广义中介语定义的原因。跟单一的语言或方言研究相比，中介语研究既有相同的一面，也有不同的一面。出于不同的目的，人们在研究中介语的过程中会有不同的方法，常用的方法有对比分析、错误分析、话语分析和语言行为分析等。下面主要从语言教学的角度讨论对比分析和错误分析。

（一）对比分析

所谓对比分析就是把两种或两种以上的语言或方言进行共时对比，描述它们之间的异同。目的是由此找出目标语学习者的学习难点，以便用最有效的方法来组织教学。对比分析的方法最早出现于第二语言教学，而且曾经受到高度重视。今天仍有不少人利用对比分析来指导第二语言教学。事实上，这种方法同样适用于普通话的教学。

对比分析的基础是描写。它与语言学的理论框架有非常密切的关系。相关的框架主要有三：结构主义理论；转换生成理论；功能（或语用）理论。就理论上说，对比分析可以利用各种不同的语言学理论模式来进行，但在实际操作中，人们更多的是采用第一种理论框架。其具体步骤是先对两种语言（或方言）体系进行客观的描述，然后确定需要对比的结构成分或项目，如整个系统或某个子系统；其后仔细地进行对比和分析，找出两种语言中的异同；最后据此预测第二语言学习中可能出现的困难和错误。

在进行对比分析的过程中，不同的人从不同的角度出发可能会使用不同的方法。但是，有一点可以肯定的是，中介语的资料是多方位、多来源、多序列的，需要对这种庞杂的材料进行定量分析才能得出定性的结论。无论是稳态研究还是动态研究，定量分析都是不可缺少的。

就稳态描写来说，不同的调查对象所提供的材料或同一个调查对象在不同场合提供的材料都会有差异，必须认真仔细地对这些差异进行统计分析，求出合理的参数，才能确定界限，明确中介语的系统。例如，汉语中许多方言有新老派的差异，新派的方言特点往往和普通话过渡语中的普通话成分或方言变化成分相一致。这样在对比材料的处理上就必须注意。

从语言教学的角度来说，语言学家们对于对比分析的作用有不同的看法。第一种认为，对比分析可以预示所有的问题，来自第一语言的干扰是第二语言学习中出现困难或错误的唯一原因，找出第一语言和目标语之间的差异就能够预测第二语言学习中的所有错误。

第二种则认为，对比分析是诊断性的，它只能解释一些已出现的错误，几乎不可能预测学生的错误，因此没有什么用处。

第三种则认为，学生在第二语言学习中的大多数困难是可以预示的，而且可以从两种语言的关系中得到解释，因此对比分析是必要的。

对比分析理论后来有了新的发展。例如，对比分析预测的困难不是单纯由错误来体现，它也可能由结构回避来体现；两种语言中相似的结构更有可能干扰第二语言获得；语言错误是由多种因素引起的，而第一语言干扰只是其中的一个因素等。

（二）错误分析

在第二语言获得的研究中，错误分析具有举足轻重的作用。在中介语的研究中，人们更是经常借助于这一方法。错误的来源和类型各种各样。

在来源方面，主要有第一语言的干扰（例如，以英语为第一语言的人学习汉语时说"我见面你"），第二语言规则的过度泛化（例如，把英语作为第二语言的人会说出"Does you can play piano？"）以及交际策略、文化迁移等。

在错误类型方面，人们会使用不同的分类方法。例如，把错误分为全局性错误和局部性错误；把错误分为明显错误和隐蔽性错误；把错误分成三个阶段，系统前阶段、系统阶段和系统后阶段；用标准的数学范畴进行分类，把错误分成添加、遗漏、替代、词序等。

　　错误分析早期没有任何理论框架，人们也不解释错误在第二语言获得中究竟有什么作用。大家的主要做法是将常见错误搜集起来，从语言结构的角度进行归纳分类，以方便教学安排或为课程的补习提供依据。后来，人们在第一语言获得研究的基础上开始对中介语进行研究，错误分析也就有了进一步的发展。人们开始注意从心理的角度来探讨其产生的原因等。

　　错误分析有助于深化人们对第二语言获得过程的了解，有助于了解学习者如何利用各种策略来简化学习任务和完成交际活动。应该说，错误分析最重要的贡献在于，它转变了人们对错误的看法。以前人们认为第二语言学习中的错误是十分有害的东西，应尽量避免，而中介语和错误分析方面的研究使人们认识到，错误是学习者第二语言获得取得进展的具体表现。

第四节　潜显理论

一、潜显理论的基本思想

　　潜显理论是我国一些语言学者在20世纪80年代到90年代逐步形成的一种关于语言发展的基本形式的语言观念。显，指的是显现在表层的、现实的状态；潜，指的是潜藏在深层的状态。[1] 该理论认为，可以把语言的世界分为显性的语言世界和潜在的语言世界两个大部分。所谓显性语言就是到目前为止人们在使用的语言；所谓潜在的语言世界指的是，按照语言的规则所形成的一切可能的语言形式的总和，但是它们还没有被这个语言社团所利用和开发。

　　潜显理论强调语言的动态本质。其核心内容是：显性语言潜性化和潜性语言显性化是语言发展的最基本形式，潜性语言的大量存在，使语言具备自我调节功能。语言潜显理论对语言动态与稳态关系的揭示非常值得重视。这一理论认为，运动和时空是连续的，事物不是同时空同样显现的，显和不显又是有条件的。[2] 语言当然也是如此。加上色彩的显现，可以说语言始终处在潜和显的过程中。潜显理论研究的就是语言的潜和显及其相关条件。语言的各种属性和语音、词汇、语法及修辞等方面，其存在形态都是既有显又有潜的。

---

[1] 聂焱. 王希杰修辞思想研究续辑 [M]. 北京：中国文联出版社，2005：231.
[2] 于根元. 应用语言学概论 [M]. 北京：商务印书馆，2003：120.

语言不仅有潜和显两个方面，还有"初显""显现""隐退"和"占位"等具体情况。语言在发展过程中，显的部分有变化，潜的部分也有变化，一旦具备潜词显化的条件，潜词就会出来占位。语言始终处在潜和显的运动之中。

二、潜显理论的学术意义

语言潜显理论在中国应用语言学理论体系的建构和完善方面会起积极的作用，它有助于我们重新科学地认识语言的本质，建立新的语言观。

语言潜显理论注重语言的社会性质和交际功能。对语言本质认识的深化和语言观的转变，可能带来语言研究视野的扩大和语言学理论系统的进一步充实，这是语言潜显理论的又一个价值。

现代语言学产生以来，一直把研究重点放在显性语言上，人们更多关注的是语言结构的描写和研究，很少研究潜的东西。而语言潜显理论的提出，把潜语言纳入语言学的研究对象，可能扩大了语言学的研究视野，语言学研究语言不仅研究显现的、表层的，也要研究潜在的、深层的，还要研究由显到潜、由潜到显的过程。从而促进语言研究更自觉、全面地开发语言资源，更有效地服务于人类社会。

语言潜显理论对于更新语言研究方法，增强语言学的解释能力，提高语言学的科学品位具有一定的启发。在以往的研究中，由于侧重稳态的语言结构探讨，侧重语言表象的描写，人们主要运用归纳法，注重对语言显性材料的搜集整理和分析，通过量的积累，做出质的判定，这种研究方法是有积极作用的。

可以说，任何科学研究都离不开归纳，只是在于研究者是否自觉。但用这种方法得到的结论通常有一个可信度问题，它前提的偶然性和随机性，有时很难得出一个可覆盖全体的结论。所以，在很多学科中，人们更多的是结合演绎法来使用归纳法。通常是根据已知为真的前提，借助逻辑规则，推出必然的结论。不过，由于显性语言这一研究对象的特点，人们很难借助演绎法研究语言。

研究对象的特点和语言观的确立制约着研究方法的选择，语言潜显规律的揭示，相应地要求人们选择演绎的研究方法。语言学既是经验的科学，又是演绎的科学，在研究方法上需要结合归纳法和演绎法，从显性语言中的"无"找出潜性语言的"有"。特别是语言的潜性状态是没有出现的东西，很难感受到，归纳法是无能为力的，这就需要采用演绎法，依据一定的假设以语言显性状态为前提进行推理判断。

当然，归纳法在语言研究中也是不可缺少的，而且演绎法又必须以归纳法为基础，如果一点显性语料也没有，是无法进行演绎的。多种研究方法互为补充，综合运用，对语言现象进行多维观照，统筹探讨语言潜显的对立和转化，可以使人们正确、全面、辩证地看待语言现象，使语言研究更具科学性。

三、潜显理论的实践意义

近年来，潜显理论在实践上的意义也开始受到人们的注意。一些学者提出语言学中的预测问题，其理论基础就是潜和显的观念。

预测能力在科学中占有重要的地位。随着对显性语言潜性化和潜性语言显性化这一语言发展基本形式的揭示，人们意识到有可能对语言的走向和趋势做出预测。运动是事物的共性，事物的个性在于运动方式的不同。语言不仅有我们能够感受到的现实的显性状态，还有我们尚未感受到的、将来会出现的潜性状态，它是形成语言显性状态的基础，语言发展就是潜显对立转化的运动过程。据此，可以借助科学的假设，依据现实的显性语言，对语言发展的趋势做出科学的、超前的预测，使语言研究不再亦步亦趋地跟在语言现实后面进行描写和归纳，而可以有一定的前瞻性和预见性。

长期以来，人们把显性语言作为语言学的研究对象，在语文工作中，以"静态"的语言事实为语言规范的参照物，根据描写制定出的已有规则作为语言规范的标准，以"匡谬正俗"为语言规范的主要方式，对于新出现的语言现象批评多、引导少。语言规范工作在整体上是维护旧有的规则，对新出现的形式带有一定的排斥心理。而多数情况下是看不准、言不中的，被批评指责的语言现象不仅没有消失，而是照样流行，并为大众普遍接受使用。这时，又不得不否定以前的说法，追认这是规范形式，使语言规范工作常常陷入难堪的境地，处于被动局面。

语言潜显理论使人们的语言规范观念也发生了变化。前瞻跟踪观取代了滞后的追认观，免除了语言规范工作中曾几经出现的尴尬局面，而且人们在注意语言的显性状态的同时，也开始注意语言的潜性状态，注意开发潜语言在语言规范中的作用。按照潜显理论，由于潜性状态的作用，当一种语言现象显现后，可能会出现一类现象的变化，特别是对语言这样一个开放的大系统来说，一切已有的东西都不是稳定不变的。面对一些新的语言现象的出现，我们不能轻易地以违反规范来提出批评，也不必担心会导致语言规范的消失，因为语言具备一定的自我调节功能。

语言规范工作应当顺乎语言的发展规律，使语言更加有效地服务于人类社会。当然，作为一种新出现的语言观念，潜显理论可能还有一些需要完善的地方。无论如何，这一理论给中国语言学带来的影响肯定是积极的。

第五章　社会文化研究

应用语言学在其发展过程中经历了不少范式的转变，正是这些转变将枯燥的学术之路转化为一个充满转折的学术旅程，而每经过一个转折，我们都能收获惊喜。20世纪90年代中期，应用语言学者开始关注语言学习的社会维度，标志着应用语言学社会转向的开始。这一社会转向将学习者和教师看作积极的能动性主体，并认为学习者是复杂的社会个体，他们与社会环境的相互作用影响着语言学习过程或结果。本章对应用语言学中的社会文化研究进行了分析与探讨。

第一节　社会语言学基本概念阐释

一、社会语言学的产生

（一）社会语言学产生的背景

社会语言学的诞生不是偶然的，而是许多因素综合作用的结果，概括起来主要有以下三大因素。

1. 现代科技的发展

科学技术的新发展，特别是电子科学技术的突飞猛进，使现代社会成为信息社会，现代科技的发展对人类语言的使用也提出了新的要求，这就要求人们从新的角度对语言学问题进行深入的研究。

同时，现代科学技术的发展也为社会语言学的建立提供了可靠的物质基础。正因为采用了当时颇为先进的录音设备及调查方法，美国社会语言学家拉伯夫（Labov）才有可能开展语音变异研究，成功地发现社会变量和语言变量之间的共变关系，从而开创了多语言变异现象研究的先河。

2. 社会历史的发展

社会历史的发展为社会语言学研究奠定了社会基础，促进了学者们对语言与社会关系的研究。19世纪末至20世纪60年代，社会变革频繁，政治形势多变，社会关系复杂。当时，新兴国家的建立、人口的迁移、民族的融合和教育的实施等实际问题大多涉及具体的语言政策。作为民族构成不可或缺的重要因素之一，语言受到了来自政治、文化、社会、心理等多方面的关注，其社会性、文化性、民族性等越来越受到语言学家的重视，不少国家开始重视与语言相关的社会政治问题。

例如，美国1960年发生了经济危机，失业人数增加，再加上种族歧视的历史遗留问题，爆发了民族运动，语言问题也成为本次运动的主要内容之一。为缓和种族冲突和阶级矛盾，政府一方面采取镇压手段，另一方面采用了一些改良手段，如在黑人区增加就业机会，制订改革教育的计划等，这些手段同样需要在社会语言学的基础上运用。

第二次世界大战以后出现了许多独立国家，民族生活的变化，独立国家的社会经济改造等引起了整个社会结构和社会生活的重大变化，也引发了一些社会语言问题。随着人口流动速度的加快，各个国家中使用双语的人越来越多，并且使用同一语言的语言社团中还会夹杂一些少数民族，这导致语言的使用情况越来越复杂。这些问题都要从社会语言学中找到正确的解答。

3. 语言自身的发展

从语言自身来看，社会语言学的产生是语言研究发展到一定阶段的必然结果。语言学作为一门学科，其研究中心和着眼点始终是语言系统本身。索绪尔强调对语言内部系统进行共时研究，乔姆斯基的转换生成语法等虽然都盛极一时，但他们的局限性也随着时间的推移和人们认知水平的提高而逐渐暴露，于是一些具有突破性的理论应运而生，社会语言学就是其中的突出代表。

(二) 社会语言学产生的理论价值

社会语言学产生的理论价值具体体现在三个方面。

1. 社会语言学对语言提出了一种更为细致的同时又更为广阔的概念

除了方言学家外，传统语言学家研究的语言是拟想的单一纯净的语言。社会语言学家认为，语言不是单一的，是有变异的，变异又分地方性的和社会性的。社会性的变异又分社会阶层的变异（上层、中层、底层等）、职业性的变异（教师、律师、医师、军人等各自的语域）和语用性的变异（在家里、在办公室、在讲堂上使用不同的语码）。传统语言学的研究限于语言的内部关系，社会语言学的研究从语言外部关系着眼，开拓了新的研究领域。

2. 社会语言学提出了语言研究的数量化概念

社会语言学以一个具体的社团或行业、或公共场所、或年龄段为调查对象，根据拟定的调查项目取得关于一定的语言现象的调查数据，从而对正在演进中的语言变化做出数量化的概括。

3. 在历时和共时的研究之间提出了一个中间概念

自语言学家索绪尔提出了历时和共时的理论后，人们一直沿用不疑。但是语言是不断发展和变异的，纯净单一的共时态只能是心理现实（一种拟想），不可能是客观存在。对此，社会语言学家提出了一个解决方案。社会语言学家可以在同一个时间里选择祖孙三代或三个不同年龄段的受试者，调查他们之间的语言变异，从而用共时研究的方法取得历时研究的数据，可以说，在共时与历时研究之间架了一座桥梁。

二、社会语言学基本概念

（一）语言变体

语言变体是社会语言学里最为重要的概念之一。语言变体是语言使用者所使用的具有一定区别性特征的变体，是分析社会语言现象时所采用的基本单位。"语言变体"是一个内涵很宽泛的概念，大至一种语言的各种方言，小至一种方言中某一项语音、词汇或句法特征，只要有一定的社会分布的范围，就是一种语言变体。

语言变体作为一种中性词语可以指标准语（standard language）、方言（dialect）、洋泾浜语（pidgin）、克里奥尔语（creole）等，可以指同一语言的地域性或民族性变体，如英语中的澳大利亚英语等，也可以指同属一种语言的功能性言语变体，如法律语体等。

语言的变体受到复杂的社会因素制约，社会语言学对语言变体的研究一般认为，讲话人的社会阶级（class）和讲话风格（style）是语言变体的重要基础，而讲话人的性别对语言变体也产生重要影响。根据使用者来划分的变体叫方言，根据语言使用来划分的变体叫语体或语域。

一些研究表明，语言变体与说话者社团归属有关。英语发音有各种异体，以"公认音（RP）"最受尊重，上层人士发这种音，向上层靠拢的阶层也发这种音。可是有英国学者发现，在英国东部诺里奇工人区，人们不是放弃自己的口音去学那文雅的公认音，反而有越来越多的青年工人坚持当地工人阶级的口音。因为只有这样说话，他们才有亲如一家的感觉。他们的归属感决定了他们对口音的选择。

在社会语言学兴起之前，标准语是语言学家研究的主要对象，是正统的和受尊重的；与之相殊的混合语和地域方言等则被认为是一种二等语言，不值得重视的。社会语言学兴起以后，这种偏见被取消了。社会语言学认为因地域、阶级、阶层、职业、性别、年龄而引起的语言变异是自然现象，由此而产生的语言异体都应予平等对待。英国英语应予尊重，世界上其他国家和地区的各种异体英语也应予尊重。

（二）言语社区

言语社区又称为言语共同体，可以定义为构成一个社团的一群人，他们具有相同的语言或具有同一语言中某一特定的变体。

言语社区的一个重要特点是同一言语社区的人使用同一语言或同一语言中的不同的变体进行交际，而且他们对他们所使用的语言的规范具有类似的态度。社会地位、经济地位、受教育程度、职业、年龄等因素不同的人所使用的语言往往带有他们各自言语社区的烙印。

社会语言学要研究的是言语共同体里实际发生的现象，而不是装在头脑里的东西。总的来说，言语共同体是指在某种语言运用上持有某些共同社会准则的人员的集合体，其大小可按照研究的需要和抽象的程度来划分，某个国家或地区、某个城镇或乡村、各种团体，都可以视为言语共同体。

（三）标准语

标准语是一种语言中出于教育、社会事务等目的而设立的标准化的方言。

（四）地域变异

语言的地域变异形成了地域方言（regional dialect）。地域方言是指同一语言在不同地域的分支。地域方言之间最显著的区别一般在语音方面，但语法和词汇也可有不少区别。地域方言的差别是很大的，许多语言存在着无法相互通话的地域方言。地理障碍（如高山、海洋、空间的距离等）是造成语言地域变异的主要原因。

除此之外，对自己地方语的"忠诚"以及对语言变化的抵触情绪也是形成地域方言的原因。虽然语言的地域变异反映在发音、词汇和句法上，但是语言地域性变异最显著的特征是地域口音（accent）。由于地域变体的存在给跨地区的交际造成障碍，语言规划（language planning）应运而生。语言规划是政府行为，政府常常选择某一特定的言语变体，对这种变体在语音、句法和词汇上进行语言标准化规划，并在社会中进行推广使用。

（五）社会变异

语言的社会变异产生了社会方言（sociolect）。使用同一地方方言的人在说话时，他们的地方方言中会有一些由于社会因素造成的言语特征，这些言语特征与地域差异没有关系。换句话说，不同的社会地位、经济地位、学历、职业、年龄、性别等社会因素会导致不同的人在语言使用上的差异。生活在同一地区的人，虽然使用同一种地方方言，但是他们也会有意或无意地选择符合他们社会身份的言语形式进行交际。社会方言最常见的显著差异在词汇方面，有时也有发音、音位的差异。一般来说，社会方言的差别较小，可以自由通话。

（六）文体变异

语言的文体变异是指语言使用者在说话或写作中的语用变体。一个人的文体有时非常正式，有时比较随便。决定使用某种文体的因素包括交际的场合、交际双方的身份或关系、交际的地点、交谈的题目等。文体的差异主要是通过不同的发音、不同的语法结构或不同的词汇选择来实现的。文体不仅可以指一个人对言语的习惯性使用，也可以指具有相同职业背景的人所共有的言语使用特征。

（七）个人言语变异

一个人使用的语言不是始终不变的，操同一语言的两个人不可能在使用这一语言时是完全一样的，他们对同一语言或变体的使用会表现出许多个人的、独特的变异特征。当然这些变异都是在特定语言体系所允许的范围内进行的。个人言语变异导致个人方言（idiolect 或 personal dialect）的产生。

（八）语言政策

在历史上，语言被认为是自然成长的社会现象。在中外历史上，都曾经有杰出的文学家提出过语言改革的主张，但是运用国家的语言政策对语言的发展加以指导，则是第二次世界大战以后才有的事。随着民族自治、民族独立运动的兴起，多民族多语言的国家如印度和苏联都感到有必要制定妥善的语言政策，力求有一种全国通用语，与此同时，又必须尊重少数民族固有的语言和文化传统。

语言政策往往关系到民族和睦，如果处理不当，甚至会引起骚乱，必须慎重对待。

（九）语码转换

社会语言学家将语言或语言的任何一种变体统统定义为语码（code）。所谓语码转换，是指在双语或多语交际中，操双语者或操多语者为了适应情境而由一种语言或变体转换成另一种语言或变体。

社会语言学研究用社会语言学的理论和方法来研究语码转换，问题主要集中在"语言使用者为什么要转换语码"，即研究的重点在于语码转换的社会意义和动机上。这些研究通过寻求社会因素（如种族、性别、年龄、社会经济地位等）与语码转换在宏观层面上的关系来探讨语码转换背后的社会动机。

有三种原因促使人们"语码转换"，它们是，言谈时想不起或缺少适当的表达法；不想让在场的其他人知道交谈的内容；为了突出某些话语。

语码转换自身具备了一些特殊的言语交际功能。首先，语码转换表现为一种交际策略，通过它，可以方便言语的表达。此外，使用语码转换还可以帮助交际双方精确、形象、准确、逼真地传递信息。最后，使用语码转换还具有弥补某种语言空缺的功能。

语码转换受到许多语言学家和社会学家的注意，总的来说，是因其有极重要的社会意义。首先，语码转换可以用来弥补或填充语言空白，这主要体现在说话者由于不安、疲惫及注意力分散而想不起或缺少适当的表达方式，转而用另一种语言来表达会话；其次，语码转换可以使个体成为特殊群体中的一员，这种转换也常用来把不会说或听不懂二语的人排除在外；最后，语码转换也可达到许多其他交际目的，如同单语者在说话中可用各种各样熟悉的手段表达其态度、情感一样，双语者同样可以用语码转换达到其目的。

第二节　社会语言学研究内容与方法

一、社会语言学研究内容

社会语言学的重要研究内容可以归纳为以下四个方面。[①]

---

① 俞理明，曹勇衡，潘卫民. 什么是应用语言学 [M]. 上海：上海外语教育出版社，2013：246-248.

(一) 社会的语言生活

不同的国家、不同的民族地区或方言地区都有不同的语言生活,这是研究社会语言学必须了解的宏观的概貌。语言生活的现状是历史形成的,决定它的特点的因素有语言方面的,也有社会方面的,比如一个国家或地区的语言状况[如双言制(diglossia)、双语、语言接触、多语或多方言状况]以及各类言语共同体使用语言的状况和特征。由此研究方向产生的一种新兴学科称为交际民族志学,主要从语言的文化、社会之间的相互关系来研究语言的使用规律,它侧重于用文化人类学的观念来描写语言的运用,尤其注重研究在不同的社团、组织、社区以及社会中因文化习俗的不同给言语运用所带来的限制性特征。由于这类研究从宏观角度研究语言与社会的关系,因此又被称为"宏观社会语言学"(macro-sociolinguistics)。

(二) 语言规划和语言政策

语言生活是历史形成的,也是受现实的需求所制约的。语言计划和政策则是政府的行政规划。这种规划若能反映历史和现实的需求,则会受到民众欢迎而有良性效果;反之则会贯彻不下去,甚至造成社会不安或动乱。语言规划和政策的主要内容有:制定国家的通用语及其语言、词汇、语法的标准形式以及关于通用语及其标准形式的推行计划;确定非通用语的民族语、方言以及外国语的地位和政策;制定学校教育、新闻媒体及各种出版物以及商业交通的广告、牌匾等方面使用语言文字的规定和要求。从社会原因和社会效果来权衡语言计划和政策的得失与优劣是社会语言学主要的研究任务之一。

(三) 关于语用变体的研究

无论社会地位、社会职业分工如何,每一个社会成员都有多样的使用语言的场合,都有适应自己需要的要求,因此,各种语用变体的研究是不分年龄、性别、职业为全社会成员服务的。其研究内容包括:(1)语体研究,诸如书面语体和口头语体、正式语体和随便语体、科学语体和艺术语体。往细里分还有公文语体、法律语体、广告语体、文学语体等语体。(2)适应语境需要的语用研究,诸如由于交际对象、交际场景、交际内容、交际目的、交际方式等不同在遣词造句谋篇上的变异。(3)在双语、多语环境中的语码转换有不同的措施和效果,在语言习得过程中,从出发语到目的语往往有多样的"过渡语",这都是语用的动态考察。语体研究古来就有了,也是应用语言学乃至本体语言学关注的内容,而关于语境的研究、语码转换、过渡语的研究则是社会语言学兴起后的新课题，值得特别注意。

（四）*关于言语变异的研究*

言语变异的研究从大的方面分有两类——静态的调查和动态的调查。静态的调查，如已有不少成果对不同社会阶级、阶层、职业、文化程度、性别考察其言语差异。动态的调查，即考察同时代的老、中、青各个不同年龄段的社会成员在发音上、用词造句等语言层面上的不同。这种微观的研究汇总起来可以看到一个时代的语言特点，可以考察历史演变的轨迹，并窥测语言的未来发展动向，不但有指导现实的意义，也有历时语言学的理论意义。言语变异的研究通常是从微观的个案研究入手，如某一个发音特点在不同人群或年龄段中有别并且呈现规律性的分布。

二、社会语言学研究方法

社会语言学在研究方法上也区别于传统的结构语言学，以实地调查的方法为主，通过运用统计分析方法对语言材料进行定量统计分析，得出概率性的结论。

社会语言学研究语言变体和变量与社会因素的变体和变量之间系统的关系，研究对象主要是社会方言变体，涉及的社会变体或者变量有社会阶层、年龄、性别等。研究的第二个步骤是抽样调查，一般采用随机抽样的方法，即在某一范围内抽取少量样本，这个范围就是研究的对象。随机抽样的目的是要避免研究人员为了得出某一结论，在抽样时带有偏见，从而影响结论的可靠性。虽然抽到的样本只占一小部分，但从理论上讲，研究对象中的每个人机会均等，都有被抽到的可能，这就是随机抽样，其结论就具有较强的代表性。当然，随机抽样的结果只是一种概率的统计，可能带有误差。随机抽样需要按照一定的计算方法和程序进行，研究人员需要在这方面花费大量的精力和时间。随机抽样在操作上不是一件十分容易的事情。因此，研究人员更经常采用的是非随机抽样的方法，从总体中抽取一部分样本作为调查对象。非随机抽样无法计算误差和可信度，因此不能根据样本推断总体情况。

社会语言学研究搜集语料的主要方法是观察法、问卷法、访谈法和实验法。研究人员在搜集语料时，往往陷入一种矛盾之中：在自然语境中，通过个别访谈来获得所需语料往往比较困难。在正式访谈中，受访人可能会觉察到采访人的意图而有意调整自己的语体，这样搜集到的语料可能又有失真实。设计问卷也是一件复杂的工作，研究人员所设计的问题要尽量清晰明确，开放式问题在提法上要注意中立性。搜集来的语料只是一堆原始信息，研究人员需要对这些信息进行分类和统计，最终得出结论。

第三节　社会文化理论研究

一、社会文化理论的产生

许多理论（如社会文化理论、情境学习理论等）强调社会环境在语言学习中的重要作用，其中社会文化理论（sociocultual theory，SCT）尤其受到学者们的关注。

维果茨基创立文化历史理论起源于当时十月革命前后俄国唯心主义和唯物主义的心理学思想的激烈斗争，反对派公开反对马克思主义哲学对心理学的指导，维果茨基坚决站在捍卫派一边，他立志要克服心理学危机，创造一种一元论的解释系统，用历史主义的观点去解释人的高级心理生活。维果茨基是心理学史上第一位把马克思主义引进心理学的学者，他把马克思关于"人的本质是社会关系的总和"的思想具体化，说明人的意识的社会历史实质，以此来指导他对人的高级心理机能的具体研究，用历史主义作为一套红线贯穿在对他人心理的科学研究中，从而创立了著名的高级心理机能的社会历史起源的理论。

二、社会文化理论主要内容

（一）调节论

社会文化理论认为社会环境在人的心理发展过程中起重要作用，强调个体与社会环境之间的互动。知识是通过"调节"得到提炼和完善并达到一致的。调节是由外在的社会文化活动转向内在的心理功能的过程。调节是一种认知工具，可以是一种物质工具，也可以是一个符号系统，或是社会互动中其他人的行为。社会文化理论调节论认为，人类的意识等高级心理机能的形成和发展是受符号工具调节的。正像人类使用物质工具作用于物质世界一样，人类通过符号工具调节自己与他人的关系，调节自己的行为。在这些符号中，语言是最重要的调节工具，是连接社会和个体的桥梁。

人与外部环境的联系是间接的、受调节的，这种间接关系需要借助经过文化历史积淀的辅助工具（文化产物、概念和活动）。在辅助工具调节人活动的同时，人的心理结构发生了本质变化，形成了人类特有的高级心理机能。无论是人类种族还是个体，从直接的、自然的低级心理机能（包括听觉、视觉、嗅觉、触觉、自然记忆和无意识注意）发展到间接的、要通过各种文化制品（包括工具、符号，以及更精细的符号系统，如语言等）来实现。其中，"心理工具"的使用是这个转化过程的标志。心理工具是客体性的，如记忆技巧、代数符号、图例和语言，它们是个人心理活动和发展的调节因素。一般的物质性工具是外向性的，指向客观世界；心理工具则是内向性的，作用于主观世界。

社会文化理论认为人类心理机能的发展经历"心理间"到"心理内"的过程。人类的高级心理功能都来源于社会环境，特别是产生于活动，活动促使高级心理机能逐渐内化，社会文化因素是高级心理机能得到发展的必要条件。从儿童的认知发展来看，儿童是在社会环境中，通过与他人的交流和互动学会知识与技能，并发展成高级心理机能。在心理工具的调节下，高级心理机能被个体逐步内化。儿童的认知发展过程需要历经从"客体调控"到"他人调控"，再到"自我调控"的三个阶段。

"客体调控"是指个体直接受周围环境的控制与影响，被环境左右。"他人调控"是指儿童在遇到困难时，"他人"，如父母、照料者等，通过谈话或其他方式为提供引导和帮助，这种引导可能是外显的，也可能是内隐的。在他人调控阶段，个体逐渐摆脱客观环境的控制，语言成为最重要的调控手段，它不仅是成人与儿童之间的信息交流，而且有助于关键概念的捕捉和保持。"自我调控"则是指儿童能够使用言语作为控制自身行为的一种手段。最初，这种言语只是外显形式，经过一段时间的发展，实现了语言调控的自动化，自我调控的实现过程是一种认知和掌握带有文化因素符号系统的过程。

成熟的个体在学习新的知识和技能时，也遵循这种从"心理间"到"心理内"的方式。也就是说，新概念的学习（习得）也要经过与社会环境、与他人互动，如专家与新手的互动。

（二）内化论

维果茨基的内化理念是以工具理论为基础的，工具是人外部活动的手段，符号则是人内部活动的手段。新的高级的社会历史的心理活动形式，首先是作为外部形式的活动而形成的，然后才"内化"，转化为内部活动，才能默默地在头脑中进行。维果茨基认为内化是对外部行为的内部重建，即内化有三个系列转变过程：第一是外在活动的行为开始内化和重建，如符号使用行为，儿童用手势的行为；第二是人与人之间的交流过程变成个人内部的交流过程，即人与人的交往首先是社会的，然后过渡到个人化层面；第三是从个体间到个人内化的过程是长期的一系列发展事件的结果，即从外部转为内部是一个漫长的发展过程；内化的过程是一种转化的过程，而不是传授的过程。当然，这种转变过程需要一些间接的调节活动，如符号和工具。

兰托夫（Lantolf）和索恩（Thorne）[1]认为内化是维果茨基针对将生物和社会文化因素的二元主义合并为身心一体而提出的，为此，后来的诠释者提出了不同看法，主要来自天生论、社会构建主义的不同观点。兰托夫和索恩[2]还提出模仿是社会文化理论的调节和内化过程，特别是在私语中模仿更是儿童和成人的常见现象，第二语言的学习更需要模仿，对二语习得的帮助是不可估量的。他们展示了以语言为中心的私语在二语内化中的作用，表明模仿是整个内化过程的中心；儿童和成人的私语有重要区别，儿童的自语娱乐性强于成人；学习者比较注重重铸（有意和无意的），如教师话语对学生错误纠正的重铸，社交话语和私语都存在私语现象等。

关于内部语言，德格雷罗（de Guerrero）[3]系统地考察了大脑演练和有控制的内部语言的区别，认为私语的过程，如影子练习、自我释义都是促进内化的有意义的活动。

弗劳利（Frawley）[4]在他的专著中呼吁维果茨基的内化论、社会观运用于认知科学中，希望建构二者的联合体，将社会文化理论整体运用。

（三）语言论

语言作为一种最重要的认识工具，具有与他人交流信息和表达感情功能，对于人类个体发展来说，也是必不可少的调节认知发展的工具。将语言的这种调控作用称为"语言化"，即在完成复杂的认知任务时，个体往往会借助语言工具将任务完成的过程用语言表达出来，用语言来帮助思维。语言化帮助学习者在语言形式与意义系统之间建立联系，调节其已有的概念与刚刚获得的概念，从而帮助个体顺利完成复杂的认知任务（概念的内化），进而重塑学习者

---

[1] Lantolf, J. &Thorne, S. *Sociocultural Theory an. d the Genesis of Second Language Development* [M]. Oxford: Oxford University Press, 2006: 101.

[2] Lantolf, J. &Thorne, S. *Sociocultural Theory an. d the Genesis of Second Language Development* [M]. Oxford: Oxford University Press, 2006: 205.

[3] de Guerrero, M. C. M. *Inner Speech-L2: Thinking Words in a Second Language* [M]. New York: Springer, 2005: 208.

[4] Frawley, W. *Vygotsky and Congnitive Science: Language and the Unification of the Social and Computational Mind* [M]. Massachusetts: Harvard University Press, 1997: 173.

的思维。

社会文化理论消除了语言学习和语言使用的界限,把个人从理想的听说者世界和实验室中移出来,放到他们的日常生活中(包括真实的课堂环境),强调个体与社会环境之间的互动,并且阐明了认识与发展的关系,为研究语言教学提供了一个新的理论视角。

(四) 最近发展区理论

儿童的发展水平有两个层面,一个层面是实际发展水平,指儿童已经具备的独立解决问题的能力;另一个层面是潜在发展水平,指还没有形成的,但可以在成人的帮助下解决问题的能力。最近发展区是实际发展水平和潜在发展水平之间的距离。

通过以语言为调节工具的社会互动,学习者不断接触到知识,并在指引下把外在的知识转化为自己的知识,从社会层面内化为个人心理层面。社会文化理论在以上思想的基础上提出了"支架"学习法,其核心是在交流和互动中,教师等有经验的人通过指导性的语言帮助学习者发现知识的特征,学习者能克服困难,逐步搭建起自己的知识结构,这也是从合作学习逐步达到独立学习的过程。

对于第二语言习得,最近发展区和"支架"学习法同样存在。最近发展区指一些语言知识或技能学习者还不能独立运用,但是在别人的帮助下可以掌握。"支架"学习法,指教师等有经验的母语者可以通过与学习者的交流互动,引导学习者关注语言的特征,并在交流中促进学习者把语言特征内化到自己的语言体系中,对语言实现从他人调控到自我调控。

第四节 语言在社会不同领域中的应用

一、语言在广告领域中的应用

(一) 广告的概念

广告应该是一种特定的广而告之,它通过一定的媒体或公开形式向公众告之一定的事项,以期得到一定的收获。

（二）广告的特点

（1）面向全体公众，广而告之。

（2）这种广而告之是以商业运作的模式进行的，即使是公益广告也要付出一定的制作费用。

（3）是一种互动行为，发出广告的人是期待有所收获的，期待看广告的人会对广告的内容做出回应。

（三）广告的语用特点

1. 不同类别的语用特点

（1）公益广告方面

做公益广告是想让公众明白事理，遵守社会道德规范，以达到构建文明礼貌的和谐社会的目的。公益广告语言应该亲切温馨，自然清晰。

（2）社会广告方面

做社会广告的目的是要受众对广告涉及的问题做出回应，因此应该使受众明白从事该项活动需要具备的条件，可以得到的收益。简明扼要、准确突出是社会广告的主要特点。

（3）商业广告方面

做商业广告的目的最终是推销产品或服务，让受众在众多的同类产品或项目中选择自己的产品或服务，因此关键点在于突出产品或服务的品牌和特点，并让受众容易留下深刻印象。在有图案或动画、影视作品的广告中，品牌已经由画面显示出来，文案的作用就是画龙点睛，显示产品或服务的特点。简洁有力、新颖生动、个性突出，可以说是商业广告语言的特点。

2. 共同的语用特点

（1）构造美好意境，以烘托产品

我就喜欢（麦当劳）

（2）构造美好语句，注意选择修辞格

采用得比较多的修辞格有"对偶""对比""双关"等。

①对偶

事事保险岁岁平安（平安保险）

②对比

沸腾的事业冷静的支持（澳柯玛空调）

③双关

给电脑一颗奔腾的"芯"（英特尔奔腾）

（四）广告的语言特点

这里着重讲商业广告的语言特点。

1. 语音方面

（1）语音上注意音节匀称，平仄协调

牛奶香浓丝般感受（德芙巧克力）

（2）有些广告还注意到押韵

称心如意长风电器（长风电器）

（3）有些广告注意了谐音

中国电信千里音缘一线牵（长途电话广告语）

2. 使用短句

从上面所举例子我们可以看到，商业广告一般采用短句或短句组合。

二、语言在网络领域中的应用

（一）网络简介

这里所说的网络，首先是指电子计算机网络。电子计算机网络是指处于不同地理位置的若干台具有独立功能的电子计算机通过通信设备和通信介质互相连接起来，并通过特定的管理实现资源共享和信息传递的系统。

进一步而言，电子计算机网络指的是 Internet。Internet 汉语音译为"因特网"，意译为"互联网"。这是一个由各种不同类型和规模的独立运行与管理的计算机网络组成的全球范围的计算机网络。组成 Internet 的计算机网络，包括局域网（LAN）、城域网（MAN）以及大规模的广域网（WAN）等。这些网络通过普通电话线、高速率专用线路、卫星、微波和光缆等通信线路，把不同国家的大学、公司、科研机构和政府等组织的网络资源连接起来，从而进行通信和信息交换，实现资源共享。

如今，网络是人们在邮件、电话之外的另一个通信工具，也是报纸、广播、电视之外的另一个获取公众信息的渠道，是图书馆、资料室以外的另一个获取资料的地方，也是电影院、游戏室、公园以外的另一个娱乐场所。网络还是好友聚会聊天的好地方。网络是一个囊括了人类生活许许多多方面的虚拟世界。

（二）网络语言

1. 什么是网络语言

在网络，信息的传递主要还是依靠语言文字，由此也就产生了"网络语言"。

由嘴巴发出声音而构成的语言形式叫作口头语；由文字表达而构成的语言形式叫作书面语。口头语和书面语合起来可以叫作传统语言。通过计算机键盘的敲击而构成的语言形式就是网络语言。正如口头语的内容也可以书写到书面语中，书面语的内容同样可以用嘴巴说出来，因此传统语言也可以应用到计算机网络中。

广义的网络语言，既包括有特色的网络专用语言形式，也包括应用到网络中的传统语言。狭义的网络语言就专指具有自身特色的网络专用语言形式。

2. 网络语言的工具与环境

根据上面的说法，口头语言、书面语言、网络语言是三种并列的语言表达形式，三者的差别主要在于各自运用的外在表达形式不同和言语环境的不同。网络语言运用的是电脑，所处的环境是一个虚拟的空间。

（1）表达所用的工具和形式

网络语言所用的表达工具是电脑，具体的做法是敲击键盘，然后通过一定的电脑程序转换为文字或其他符号，再通过一定的电脑程序传输出去。电脑键盘由字母键、数字键和其他符号键构成，没有汉字键，汉字必须通过敲击其他键之后再转换才能出现。

口头语是语言的基础，书面语是在口头语的基础上形成的。网络语是在书面语的基础上形成的，把写在纸上的东西改写在屏幕上就是了。只是嘴上说的写到纸上就会有些变样，纸上的东西移到屏幕上也会有些变化。

（2）语境

网络的言语环境相对而言是隐蔽的，信息传递的发送方和接受方是互相看不见的，甚至是互相毫不了解的。这可以使交谈双方去掉许多的社会约束，从而更自由地表达自己的思想。网络上的交际有大范围的，也有小范围的。公众信息网络是大范围的，个人聊天通信是小范围的。语言是约定俗成的，在大范围的交际需要大范围的约定俗成。这种约定，一般遵循传统语言的约定。小范围的交际可以只遵守小范围的约定，这就出现了一些网络通信特有的表达形式。

3. 网络语言的语言要素

网络语言是通过敲击键盘而形成的，中间还要经过电脑软件的转换处理。因此，除了像书面语那样使用文字之外，也使用一些符号和一些特定的图案。网络语言在特定的言语环境中使用，所以也有一些特有的词语。在语言要素中，语法总是最稳定的。不过，在特定的环境中，也还会有一些与传统语言相比显得另类的语法形式。

（1）网络语言特有的表达形式

①利用字母构成的表达形式。

第一，采用汉语拼音的缩略形式。例如，GG（哥哥）、JJ（姐姐）、MM（妹妹或美眉）、DD（弟弟）、LL（姥姥）等。

第二，采用英语缩略。例如，BB（BYE BYE 再见）、BF（BOY FRIEND 男朋友）、FM（FOLLOW ME 跟我来）等。

第三，像 CU（SEE YOU 再见）这样的，是一种谐音的缩略。

②采用数字谐音会意的方式。

第一，把要说明的意思通过数字或数字符号的形式表示出来。例如，13579 表示此事真奇怪（因为 13579 这 5 数字都是奇数，在英语中"奇数"和"奇怪"是用同一个单词"odd"来表示的）。

第二，采用数字谐音的方式，如 1314（一生一世）、1573（一往情深）等。

第三，由英文、汉语拼音、数字谐音混用的形式。如"U2"，"U"是英语中的"you"，"2"的英语谐音是"too"，"U2"就成了"you too 你也是"。

（2）网络语言特有的语词形式

①利用汉字谐音的方式。

第一，采用普通话的谐音形式。例如，果酱（过奖）、水饺（睡觉）等。

第二，利用方言或一些变异形式的谐音。例如，偶（我）、稀饭（喜欢）、酱紫（这样子）、酿紫（那样子）等。

第三，英语的谐音。例如，粉丝（FANS）、爱老虎油（I love you 我爱你）。

②改变词语原有的词义。

潜水——只看帖子而不回帖子。

③自创词语。

楼主——指发起该主题的人。

④拆字。

就是故意把一个字拆成两个字，以突出自己当时强烈的感情。例如，"力口弓虽"就是"加强"。

⑤英语音译。

伊妹儿（E-mail 邮箱）

⑥故意模仿童语的重叠。

东东（东西）

坏坏（坏蛋）

第六章 语言教学研究

语言教学与应用语言学的关系最为密切。语言教学既涉及语言的"教",也涉及语言的"学",还涉及语言学理论的应用,因此,语言教学是应用语言学最重要的部分。本章将阐述语言教学的性质与基本过程,围绕母语教学、外语教学以及特殊教育中的语言教学展开研究。

第一节 语言教学的性质与基本过程

一、语言教学的性质

语言教学是指运用特定的方法,将语言知识和相关的理论通过教育者有目的、有计划地传授给学习者,以达到使学习者掌握一门具体语言并用于交际目的的教学活动,它是教育工作的重要组成部分。

语言教学作为一种以语言为内容的教学活动,包括本族语教学和外族语教学,即第一语言教学和第二语言教学,这是毋庸置疑的,也得到了广泛的认同。关键的问题在于对第一语言教学所涵盖的范围有不同的看法。有些学者认为,第一语言的教育和学习应该包括儿童语言的习得和学习两部分,也就是说,从儿童最初获得语言的活动开始,一直到此后在学校里继续接受的第一语言教育,都属于语言教学的活动。另外一些学者则认为,语言教学是一种有目的、有计划、有特定方法的教学活动,而儿童第一语言习得活动不具有目的性、计划性等,就不应该包含在语言教学的范围之中。

其实,如果站在教授者(儿童周围包括父母在内的群体)的角度,他们在教儿童学习第一语言时是有目的的,即让儿童学会这种语言并能够使用这种语言与成长中所处的语言社团成员达到有效的交际;这种活动也是有计划的,尽管这种计划性并不像我们在学习第二语言时那样要制定教学大纲、教学计划等。再换个角度，根据功能语言学的观点以及心理学的观察，当儿童的肢体语言和哭声已经无法很有效地表达他们的需求时，他们便有了学习语言的迫切愿望，这种表达需要就是儿童学习的最初目的。因此，无论是从语言教学的内涵还是从语言教学的内容等方面来看，语言教学都应当包括儿童语言习得。

语言教学的另一个重要组成部分就是外族语教学，即第二语言教学。第二语言教学是对第一语言能力的扩大，是在第一语言学习基础之上进行的。第二语言的教学主要是指外国语言的教学，如中国的英语、法语、日语等语言的教学和我国对外国学生的汉语教学。

此外，语言教学还包括双语教学和多语教学。双语或多语是指在多民族聚居区里有些人从小就习得两种或两种以上的语言，同时用两种或多种语言进行交际。双语或多语教学是指针对多民族地区的特殊语言状况而开展的双语或多语种教学活动。我国少数民族语言教学基本上属于双语教学。

语言教学是一种以语言为内容，运用特定方法，有目的、有计划的教学活动。[①] 语言教学也是一门独立的学科，有自己独立的学科理论体系，并具有综合性和边缘性特点，这是因为它不仅仅局限于语言教学活动的全过程和各个具体环节本身，而且是一门研究语言教学活动的理论、原则和方法的科学，即语言教学研究。在这门学科中，语言本体的研究虽然是必需的，但不是唯一的。作为一项教育活动，语言教学必然需要教育学、语言习得和语言认知理论、学科教学论、教育技术学等理论支持。同时，第二语言教学还需要语言对比、文化比较、心理学、宗教学等学科的知识。因此，语言教学对教学工作者和研究人员都提出了比较高的要求。

二、语言教学的基本过程

语言教学的过程十分复杂，它涉及的学科也比较多，不仅会涉及教育学、心理学等人文学科，而且涉及计算机等自然科学。最重要的是，语言教学还和国家发展有关，与国家的教育政策制定、教育制度制定也有关。因此，从表面上看，语言教学只是一种教学活动，如果从深层次上探究，就会发现，语言教学还是一门专门对语言教学活动进行探索与研究的学科，更是一项能推动社会发展的伟大事业。

（一）制定语言教学政策

语言教学关乎国家教育发展，因此，它绝对不是一种简单的个人行为，而

---

① 陈昌来．应用语言学导论［M］．北京：商务印书馆，2007：35.

是一种与国家、民族事业发展息息相关的事业。从这个层面上来说，国家与政府必须要在语言教学中投入大量的资金，以确保语言教学的顺利开展，同时，还要从中国语言教学的实际情况出发，制定相应的语言教学政策，用政策的力量规范语言教学，从而促进语言教学质量的提高。

（二）进行语言教学的总体设计

语言政策制定好之后，要由语言学家或其他专业人员来具体执行政策，主要是进行语言教学的总体设计，如确定教学要求、教学内容和教学时间，确定课程设置及各门课程的具体教学方式，制定教学大纲和教学计划，编写或选择教材。

例如，20世纪80年代初，我国学者根据对外汉语教学事业创立时期教学活动处于经验型的探索阶段和缺乏科学性、规范性的实际情况，提出了对外汉语教学的总体设计理论，把对外汉语教学看作一项系统工程，认为总体设计是根据语言规律、语言学习规律和语言教学规律，在全面分析第二语言教学的各种主客观条件、综合考虑各种可能的教学措施的基础上选择最佳方案，对教学对象、教学目标、教学内容、教学途径、教学原则以及教师的分工和对教师的要求等做出明确的规定，以便指导教材编写（或选择）、课堂教学和成绩测试，使各个教学环节成为一个互相衔接的、统一的整体，使全体教学人员根据不同的分工在教学上进行协调行动。这个针对对外汉语教学的"总体设计"比较全面，不仅适用于对外汉语教学，也可以用于第一语言教学和其他第二语言教学。

（三）编写语言教学的教材

教材在语言教学中发挥着十分重要的作用，它是教师开展教学活动的主要凭据，是学生开展自主学习活动的主要依据。教材是教学总体设计的直观反映，分析教材可以发现中国语言人才培养目标、原则等内容。此外，教材还能成为教师对学生进行语言测试的依据。因此无论是教师，还是学生，都要重视教材。编写者则需要根据教师的教学需求与学生的学习需求编写教材。

（四）进行师资选拔和培训

教学活动必须有参与者才能实现。教师和学生就是教学活动的参与者，是教学过程中最重要的因素。语言教学涉及的内容十分广泛，对教师要求比较高，语言教师除了具备相当的语言本体知识外，还得具备一定的文学、历史、经济、政治、科技等方面的素养。因而，语言教师必须经过严格的选拔和培训才能够胜任教学工作。

(五) 实施课堂教学

教学活动中包括不少环节,其中,课堂教学是比较重要的一个环节。教师制订的教学计划,选择的教学内容与方法,都可以在课堂教学中体现出来。而学生学习语言也不是一蹴而就的,需要经历好几个阶段,不仅需要经历感知、理解的阶段,而且需要经历模仿、记忆与巩固的阶段,这所有的阶段都必须要在课堂上完成。因此,课堂教学十分重要,其他所有教学环节都必须要为课堂教学服务。

(六) 语言教学研究

只有教学活动而没有与之相适应的教学理论,也没有与之同步的教学研究,这样的教学是无法成熟和发展的。正因为教学中会碰到这样那样的问题,才会引发教学工作者的思考。从"以教师为中心"到"以教师为主导,以学生为主体"的变化,从仅仅重视教学法的研究到注重教授者和学习者双重因素的研究,就是语言教学研究不断深入的体现。语言教学中还有很多问题没能很好地解决。到底该如何更好地提高学习者的学习效率?学习者在学习过程中究竟还受到哪些生理或心理因素的影响?人类语言学习的机制是什么样的?这些都是未来语言教学研究需要进一步探讨的问题。

第二节 母语教学研究

一、对"母语"的认识

"母语"其实是比较值得讨论的一个术语。首先,"母语"应该是人生所学的第一种语言,所以有人也称之为"第一语言"。加拿大联邦统计局对"母语"的定义:儿时最早在家庭环境中学到的并现在仍能懂的语言[1],大概指的就是这个意思。

其次,如果父母是外地人,母亲教给孩子的不一定是居住地的流行语言,有的人稍微长大之后接触了社会,如上幼儿园或上小学之后就掌握了居住地的

---

[1] 蔡建华. 应用语言学概论 [M]. 广州: 广东高等教育出版社, 2008: 14.

流行语言了。这时,他的日常生活就主要使用居住地的流行语言。这时,母亲教给的语言就可能退居二线,有的甚至逐渐生疏,还可能不怎么会说了。所以,也有人认为:一个人最常用、最熟悉的语言形式就是母语。联合国教科文组织在对相关术语进行界定时,认为母语或本族语是指"人在幼年时习得的语言,通常是思维和交际的自然工具"①。

最后,由于语言是属于民族的,一个民族一般只使用一种语言,不同的民族使用不同的语言,所以本民族使用的语言是本族语,外民族的人使用外民族语,外民族语简称为"外语",本民族语就简称为"母语"。母语是个民族领域的概念,反映的是个人或民族成员对民族语言和民族文化的认同,它直接指向民族共同语。母语不取决于语言获得顺序,甚至也不取决于语言的是否获得。

综合上面几种关于母语的解释,母语问题涉及的其实是"个人—地区—民族"的范围大小不同的问题。可以做如下理解:

第一,对个人而言,如果母亲教给孩子的语言不止一种,那么母亲与子女在家庭生活中最常用的那一种语言形式就是子女的母语。例如,子女和母亲都会英语、法语和汉语,但两人一见面,通常情况下脱口而出的是汉语,或者子女与母亲交谈时多数情况下使用汉语,那么汉语就应该是子女的母语。或者子女和母亲都会广州话、上海话、北京话,但他们之间通常用广州话交谈,那么广州话就是子女的母语。

第二,对一个地区而言,母语通常是本地区的流行语言形式,一般是该地区主要民族语言的某一个方言。语言是大众沟通的工具,同一个地区的人一般使用相同的语言形式,所以同一个地区的母语大多数是相同的。例如,北京的汉族母亲教给小孩的一般就是汉语北京话;上海的汉族母亲教给小孩的一般就是汉语上海话;广州的汉族母亲教给小孩的通常就是汉语广州话,如此等等。也就是说,同一个地区中的同一个民族的母亲教给小孩的应该是该地区该民族所使用的主要语言形式,所以,一个地区的小孩的母语大多数应该是相同的,即一个地区的民族语言形式是该地区该民族的母语,如北京地区汉族人的母语是汉语北京话。

第三,就一个民族而言,同一个民族的母亲传给子女的主要是这个民族的语言,所以民族语言就是该民族成员的母语。母语是与外语相对而言的,母语是民族语言,外语是外族语言。

第四,如果一个民族的语言形式是单一的,那么上述第二点就已经讨论过

---

① 姚喜双,韩玉华,孟晖. 普通话水平测试常用术语 [M]. 北京:语文出版社,2014:170.

了，现在的问题在于有些语言是有方言的，像汉语这样的语言，方言之间的差别还很大，大到相互间基本听不懂的程度，所以就出现了问题：方言是母语还是共同语是母语？民族共同语和方言是一种语言里的两种表现形式。共同语是全民族共同使用的语言形式，方言是该民族的部分人使用的。

一般认为，一个民族的人本来使用同一种语言形式，但是后来这个民族有一部分人迁徙到别的地方，慢慢地，该种语言在异地产生了变异，于是就形成了方言。这种语言的原本形式我们称之为民族共同语，或者是语言的标准形式，该种语言的方言也就是它的变异形式。语言的变异主要在语音上，一般词汇也会有一些变化，但是两者都在同一个民族内部使用，所以历史文化背景应该是相同的，两者的基本词汇和语法结构也应该是相同的。

此外，同一种语言一般还使用相同的文字。如果这种说法成立，那么，母语是民族语言，民族语言的共同语是这种语言的标准形式，那么母语的标准形式就应该是民族共同语。母语的标准形式如果是民族共同语，那么民族共同语当然也就是母语了。民族共同语是母语，而实际上人们平时可能只会讲方言，民族共同语可能还不会说，所以，在有方言的民族内部，理论上可以认为共同语和方言两种语言形式都属于母语。

《现代汉语词典》实际上是把上述几个说法合在了一起：母语，即一个人最初学会的一种语言，在一般情况下是本民族的标准语或某一种方言。

二、母语教学的语言形式与内容

母语教学应该有两方面的含义，一是教学的内容是与学生的母语相关的；二是教学语言，即教师讲课所用的语言形式是学生的母语。

（一）母语教学所采用的语言形式

母语教学首先应该是"用母语作为教学语言进行教学"。在基础教育中，学生上的如果是本民族的学校，而这个学校进行的又是母语教学，那它的教学语言就应该是该民族该地区的主要语言形式。例如，乌鲁木齐的维吾尔族小孩上的如果是维吾尔族学校，该学校如果进行的是母语教学，那么该学校的教学语言就应该是维吾尔语；吉林省延边地区的朝鲜族小孩上的如果是朝鲜族学校，该学校如果进行的是母语教学，那么学校的教学语言就应该是朝鲜语；西藏地区的藏族小孩上的是藏族学校，藏族学校所使用的教学语言就是藏语。

（二）汉族学校母语教学的语言形式

母语教学所用的教学语言形式本不复杂，但是在中国国内的汉族学校里却会出现问题，那就是前面所提到的双母语的问题。如果方言和共同语都是母语，那么，学校教学所用的语言形式是两种都用，还是选取其中的一种呢？这是需要明确的。

人类最初只有口头语一种语言表现形式，当人类发明了文字之后，就有了第二种语言表现形式——书面语。从另一个角度看，语言有方言和共同语的区别，按理说，方言、共同语与口头语、书面语应该是交叉的，即方言有口头语和书面语，共同语也有口头语和书面语，或者口头语有共同语和方言，书面语也有共同语和方言。但是在汉语中，事实上方言只存在于口头语之中，书面语中是基本没有的；共同语则主要存在于书面语当中，口语中是基本没有的。

学校教育，主要是通过课本、通过教材而实现的。课本也就是用文字书写而成的，是书面语的东西，学校的语言教育主要也就是学习书面语。民族语言学习，在汉族学校，主要是通过语文课而实现的。现在的汉族学校（包括海外的华人学校）的语文课本，小学用的全都是白话文，中学则是以白话文为主，文言文为辅。白话文就是现在的汉语（现代汉语）书面语的标准形式。文言文就是过去的汉语（古代汉语）书面语的标准形式。语文课讲授的内容是书面语，书面语只存在于共同语，那么学生学习的也就是民族共同语，学习的是汉语的标准形式。

教学内容是共同语，那么教学工具呢？教学内容与教学工具之间应该是没有必然联系的，各民族都可以用本民族的语言作为教学工具去讲授外语，所以用方言作为教学工具来教授共同语应该也是可以的。不过，从学习的效果看，两者相一致无疑会使学习效果更好，至少学生可以从小进行语言积累，使用语言和研究语言时会有更好的语感，也使方言区的学生更好地学习和掌握共同语。

语言是民族的标志之一，它可以从特定的角度反映一个民族的状况。一个民族的语言如果是同一的，或者这个民族的全体或大多数成员是喜欢、习惯使用共同语的，这至少反映了这个民族的教育程度高，也反映了这个民族的人热爱自己的民族，凝聚力强，愿意同心同德地进行民族的建设。从民族大计出发，学校应该做好共同语的推广工作，所以，学校的教学工具应该尽可能地使用共同语。

（三）汉族学校母语教学的内容

中国的学校教育中并没有明确母语语言教育的课程，最为接近的课程应该就是基础教育中的"语文"课和高等教育中的"大学语文"了，两者都冠以"语文"的名称。"语文"作为学校功课的名称，是从1949年开始的。中华人民共和国成立以前，这门功课在小学叫"国语"，在中学叫"国文"。为什么有这个区别？因为在小学的课文全都是语体文，到了中学，语体文逐步减少，文言文逐步加多，直到把语体文彻底挤掉。可见，小学"国语"的"语"是从"语体文"取来的，中学"国文"的"文"是从"文言文"取来的。

1949年改用"语文"这个名称，因为这门功课是学习运用语言的本领的。既然是运用语言的本领的，为什么不叫"语言"呢？口头说的是"语"，笔下写的是"文"，二者手段不同，其实是一回事。功课不叫"语言"而叫"语文"，表明口头语言和书面语言都要在这门功课里学习的意思。"语文"这个名称并不是把过去的"国语"和"国文"合并起来，也不是"语"指语言，"文"指文学（虽然教材里有不少文学作品）。[1]

由此可见，语文课其实也就是语言课。基础教育的语言课当然就是母语教育。语文课进行的是母语教育，母语的标准形式是共同语；学校教育进行的是书面语教育，书面语中只有共同语，这两个方面都说明，母语教学的内容应该是民族共同语。

第三节 外语教学研究

一、外语教学概述

外语学习一般指的是对外族语的学习。外族语的学习，可以在生活中通过模仿而习得，也可以通过学校教育，在教师的教导下，进行听说读写的死记硬背训练而学得。学校教育所进行的外族语学习就是这里所说的"外语教学"，它包括教师的"教"，也包括学生的"学"。"教"是指教师如何传授外族语，如何使学生更快更好地掌握外族语；"学"指学生如何学习和掌握外族语。

外族语言的学习通常是在掌握了母语之后再进行的。如果把先学习的母语称为"第一语言"，那么再学习的外语也就称为"第二语言"，当然也不排除还有第三语言甚至是第四、第五语言。一般把外语教学也称为"第二语言教学"。

第二语言的掌握之所以有教学问题，是因为第一语言是习得的，是在日常生活当中通过直觉感知、模仿强化而不知不觉逐渐掌握的。第二语言虽然也可

---

[1] 叶圣陶，刘国正. 叶圣陶教育文集 3 [M]. 北京：人民教育出版社，1994：217.

以在日常生活中通过有意识的模仿而获得，但更多情况下人们是通过学校教育而获得的。在学校中，教师教授之后，学生通过听说读写练习而最终获得第二语言能力。世界各国的学校教育一般开设外语课进行第二语言教学，比如我国的学校，从小学开始一直到大学，有着长达十多年的外语教学。

二、一般的外语教学

"一般的外语教学"是说中国人学习外国语言的教学活动既有与世界其他国家外语教学的共性，也有因为汉语特点和中国国情而形成的中国外语教学活动的个性。它主要从汉族人学习外语的角度出发，探讨中国的外语教学问题。

（一）外语教学基础

1. 生理基础和心理基础

有关人类起源的进化论认为，人类是从猿进化而来的，而猿是没有语言能力的，经过漫长的从猿到人的进化，人类才拥有了语言能力，当人类有了语言能力之后，就通过遗传而一代一代地传下来了。所以，今天的人类的语言能力应该是先天具有的，而且跟人类的其他许多能力一样，应该是全人类一致的。所以，从生理上说，全人类与语言有关的器官是相同的，理论上说，每一个人都能说世界上所有的语言。

人类的语言能力是先天的，但人类的语言能力又会受到后天条件的强烈干扰。当一个人接触一套语言系统之后，如果想接触另一套语言系统，就会变得困难，第一套语言系统会妨碍第二种语言的掌握，而且这种干扰会随着年龄的增长而增长。为什么会出现这种情况？

婴儿天生有着分辨语音的能力，当他们没有接触任何一种语言的时候，他们能够分辨几乎所有的语音形式，他们对于音位范畴间临界的声学变化也是非常敏感的。当婴儿接触到一种语言之后，感知能力会发生变化，因为接触多了，他们对那种语言会变得敏感，对那种语音音位的区别能力会增强，而对其他语言因为接触得少或者没有接触，音位区别能力就会逐步下降。

这种现象在人类的其他活动中也是一样的。比如，对颜色而言，一般人能够辨认出红、黄、蓝三种基本颜色（原色），也能分辨出橙、绿、紫这三种由红、黄、蓝调配而成的颜色（间色），商店卖的彩笔也就是12色、24色的；接触颜色较多的人能辨认120多种颜色，而有些从事绘画、染色的专业工作者，由于他整天置身于颜色之中，能够辨认1 300多种颜色。所以，语音的分辨和模仿的失误，更大的原因可能在心理方面。

心理因素应该是可以调整的。俗话说熟能生巧，第二语言的学习如果能像第一语言一样使用相同的时间，就可以解决很多问题。再者，缺乏必要的社会条件也是造成第二语言学习不好的一个重要原因，有条件的话，应该到所学语言的社会中多待一些时间，通过对话和听话进行语言的感受，从而融入相关的语言环境之中。

2. 语言基础

母语与外语是既有共同点也有矛盾点的。共同点可以帮助外语学习，矛盾点则会阻碍外语的学习。在语音方面，不同的语言在语音上总会有不同点。比如，有些语言有翘舌音，有些语言没有翘舌音，有些语言有颤音，有些语言有闪音，等等。此外，语音上还有音位划分的差别、音位与音位相组合的差别、语音变化规律的差别，等等。语言之间也有词汇的差别，每一种语言都有一些别的语言所没有的词语，不同语言的词所包含的概念范围往往是不一样的。除了基本义之外，同一个词语在不同的语言中往往有着不同的引申义。在语句的表达中，每一种语言都有一些独特的搭配表达方式，有各自不同的熟语、习惯语。不同的语言还有语法差别，如词语的排列顺序不一样，有些语言有句子成分标志，有些语言没有，如此等等。

学习外族语言，要了解和掌握所学语言与母语之间的差别，克服母语的表达习惯造成的障碍，才能真正掌握外语。

（二）外语教学理论

进行外语教学，人们总要采用一定的教学理论做指导。语言教学理论的研究很多，积累的经验比较多，相对而言也比较成熟。下面介绍几种常用的外语教学理论。

1. 对比分析理论

对比分析，简单地说，就是把两种或多种语言放在一起进行共时对比，找出相互间的共同点和差别点。同是人类的语言，那么语言之间就必然存在相同点和不同点。这些相同点和不相同点是可以描述的，于是人们就把它们描述出来，放在一起进行对比。

如果把母语叫作"来源语"，那么，要学习的外族语就可以叫作"目标语"或"目的语"。学习外语的时候，来源语对目标语是会产生影响的，这种影响叫作"语言迁移"，简称"迁移"。如果来源语对目标语产生积极的影响，即对外语学习有帮助，这种现象为"正迁移"。如果来源语对目标语产生消极的影响，即对外语学习产生不好的干扰，这样的现象为"负迁移"。如果来源语对目标语没有任何影响，这种现象为"零迁移"。

当两种语言具有相同点时，外语学习可能会发生正迁移。当两种语言不完全相同但有关系时，外语学习可能会发生负迁移，也就是"干扰"。语言学习的干扰有两种情况，一种情况是，有些东西目标语中有，而来源语没有，这些来源语没有的东西可能会干扰外语的学习，这样的干扰叫作"阻碍性干扰"；另一种情况是，目标语中没有，而来源语有，这也会对外语学习产生干扰，这样的干扰叫作"介入性干扰"。当两种语言完全不同且没有关系时，就不产生迁移，即零迁移。

语言学习应该利用正迁移，克服负迁移。基于外语学习的迁移现象，研究人员应该对来源语与目标语的相同点和不同点进行全面的说明和解释，并且提供语言对比的理论模式，研究人员和教学人员可以在此模式中制定对比框架进行语言对比，通过对比为语言教学提供必要的信息。比如，向语言教师、教材设计者提供充分的信息和数据，使他们了解来源语和目标语的相同点和不同点，从而更有针对性地制定教学大纲，设计课程，编写教材，选择测试题目，使教学更有效果。

对比分析可以有不同的具体做法，大多数的对比分析通常按以下步骤进行：

第一，描写。描写也就是对来源语和目的语两种语言的形式进行描述。主要是语音的和语法方面的，当然也有词汇方面的。

第二，选择。选择也就是设定一定的项目，如一定的语法结构、语法规则或是语音发音特点，利于对比的进行；或者是确定难度的范围、学习重点之所在。

第三，对比。就是确定两种语言的相同点和不同点。

第四，预测。根据对比结构，根据心理学和语言学理论，预测使用这种来源语的学生在学习这种目的语时有可能形成什么错误，会出现什么问题，从而采取相应的措施。

2. 偏误分析理论

对比分析，是根据某种已知的语言学理论对两种语言进行全面的或有选择的描写，然后找出两者的相同点和不同点。偏误分析则主要从目标语出发，看看学习者会出现一些什么样的问题，即学习者所说的与目标语存在多大的偏误。

（1）常见的偏误类型

①语际偏误。这是由来源语负迁移产生的偏误，即母语知识向目标语迁移。比如英语、马来西亚语等都存在状语在动词后的情况，所以他们学汉语就常常会说出"我要上街现在"这样的话。

②语内偏误。即第二语言学习过程中，目的语内部规则的相互迁移，也可

以说是目的语规则的过度泛化。比如,汉语可以说"上个星期""上个月",如果推广到"上个年""上个天",这就是规则的泛化。

③文化偏误。这类偏误一般表现为语言形式上没什么问题,但是从目标语看不得体。比如,外国留学生说汉语时否定句喜欢用"不可以":"这是我的东西,你不告诉我就拿去用,这是不可以的。""上课迟到,这是不可以的。""一百块钱一件衣服,太贵了,这是不可以的。"这些话意思没错,有些句子把"不可以"移到动词前面就准确了,但是放到动词后面听了就觉得别扭。比如,"这个问题我不懂"是可以的,但"这个问题我不懂回答"就有点儿问题了。

(2) 偏误分析的常用步骤

第一,以目标语为依据,收集偏误语料。

第二,整理分类。

第三,进行语言学和心理学方面的分析、说明。

偏误分析可以找出学习者在外语学习方面的偏误规律,帮助他们纠正偏误,更好地学习和掌握目标语。

3. 中介语理论

中介语指的是第二语言学习者在学习过程中形成一种既不同于来源语,也不同于目标语的个人的独特的语言系统。比如某位中国人学说英语,在学习的初级阶段,这位学习者所说的既不是汉语,也不是标准的英语,甚至很可能是英国人不怎么听得懂的"英语"。这样的英语,有人戏称为"中式英语"。这种"中式英语"就是我们所说的"中介语",它应该是来源语与目标语混合在一起而形成的一种独特的语言系统。

某个人所形成的处于来源语与目标语之间的过渡段的语言形式,有学者称之为"狭义的中介语",相对的"广义的中介语"指的是某个地区、某个群体所形成的具有某些共同特征的语言过渡规律。

中介语这一概念在外语学习中是一个重要的概念,它反映了学习者是如何从来源语逐渐过渡到目标语的,中间会产生一些什么样的变异。

根据现有的研究成果,中介语具有以下特点:

(1) 系统性。中介语是独立的语言系统,既不同于母语,也不同于目的语,它是合法的语言系统,有自己的语音、词汇和语法。这些语言规则,是学习者在学习目标语时自然形成的,学习者并不是随意地使用这种语言,而是有意识地创造性地使用这些规则。

(2) 动态性。中介语是不断变化的语言系统,它会随着学习者学习进度的变化而变化,会随着时间的推移逐步由来源语向目的语靠近。

（3）顽固性。虽说语言学习者会在学习过程中逐步提高目标语的水平，中介语会逐步地向目标语靠近，但一些不同于目标语的中介语因素仍会顽固地保留。一般认为，中介语发展到一定阶段就会僵化，使多数的语言学习者很难实现目标语的完善。这可能与人的大脑有关，也可能与人的发音器官的定型有关。

如何掌握中介语的规律，克服中介语的顽固性，这也是外语教学的一个重要的方法论。

（三）外语教学方法

1. 翻译法

语法翻译法是最古老的外语教学法，它建立在系统的语法知识的基础上，依靠母语，对目标语的词语、句子进行说明和翻译。其主要特点为：

（1）强调学习规范的书面语，以名著和原文为主要的学习语料。

（2）教学语言基本上采用学生的母语。把目标语翻译为来源语是主要的教学手段和练习手段，教师对学生的评估也用来源语表达。

（3）教学方式上以演绎法详细地分析语法规则，并以大量的笔头翻译加以巩固。

（4）词汇教学采用对译生词表的方法进行。

（5）课文是语法分析的材料，句子是讲授和练习的基本单位。

语法翻译法强调对目标语语法规则的掌握，强调目标语与来源语的对应关系，能较好地培养学生的外语阅读和翻译能力。主要不足在于对口语教学不重视。

2. 直接法

直接法产生于19世纪末20世纪初的欧洲，是与语法翻译法相对立的教学法。这种方法仿照幼儿学习母语的方法，直接用外语教授外语，而不用母语和翻译。学习时整句学、整句用，不孤立地教单词，也不注重语法形式；其教学目标是口语而不是书面语。其主要特点为：

（1）建立客观世界与语言系统的直接联系，即把外语与它所代表的客观世界直接联系起来，不用母语和翻译，以直接感知、模仿为主要教学手段。

（2）以目标语为教学语言，以掌握口语为主要的教学目标。

（3）以句子为教学的基本单位，整句学、整句用，不孤立地教单词和语音，而是在句子学习中学习单词和语音。

（4）以当代通用语言为基本教材，而不采用"规范的"古典文学作品。

直接法的主张丰富了人们对外汉语教学规律的认识，开拓了人们在语言教学上的视野，对后来出现的一些教学法，如听说法、视听法、自觉实践法、功能法等都产生了很大的影响。

直接法的不足在于：将儿童习得母语和成人学得外语混为一谈，忽视了两者之间的差别；过于强调口语教学，对学生读写能力的培养有所忽略。

3. 听说法

听说法产生于 20 世纪 40 年代的美国。它强调通过反复的句型操练来培养听说能力。其主要特点是：

（1）新课内容以会话的形式展开，先听说，后读写。

（2）教学方法上强调用模仿、记忆、重复、交谈等方式学习，以形成语言习惯。

（3）以句型为教学中心，通过反复操练来掌握目的语，很少进行语法解释。

（4）及时纠正学生出现的任何错误，以免形成错误的习惯。

（5）大量使用视听设备和语言实验室。

听说法克服了翻译法只注意古典书面语的缺点，提高了学生的听说、会话能力，这是它的优点。它的不足则在于忽视了语言规则的指导作用，也不够重视书面语的学习。

4. 视听法

视听法产生于 20 世纪 50 年代的法国，早期叫作"视听整体结构法"。该法强调在一定的情景中听觉感知与视觉感知相结合，并采用电化工具把情景、上下文或图像与所学语言内容联系在一起。其主要特点是：

（1）利用电化教学手段使情景视觉与录音听觉相结合。

（2）创造接近于真实的情景来培养学习者在真实情景中进行口语交谈的能力。

（3）强调语言的整体感知，教学顺序是先整体后部分，先成段对话，再句子，再单词，最后才是语素。

（4）主张培养学生听说读写四种技能，先听说，后读写。

视听法是基于科学技术发展而产生的新的教学方法，在录音机、录像机、计算机等科技产品越来越普及的今天，这种方法得到越来越广泛的应用。不过，使用这种方法应该结合书面语的学习，注意举一反三，不能只囿于某一整体形式。

（四）**外语教学内容**

外语教学，是要学生进行语言学习，即掌握一种语言的语言要素，所以语言教学就是要学生掌握目标语的语音、词汇、语法和语言使用的文化背景。

1. 语音学习

学习目标语的音素，掌握该种语言的音位。掌握该语言的音节（单词的语音组合）、语调和音变现象。

2. 词汇学习

根据学习的目标层次，掌握目标语一定的语汇。通常要掌握目标语的常用词汇、习惯用语和一定的专门用语。

3. 语法学习

根据学习的目标层次，掌握目标语的常用句型、句式、句类和一定的特殊句式。

4. 文化背景

"文化"是一个含义很广泛的词语，包括历史传统、风俗习惯、社会政治等。语言学习也要根据学习的目标等级，掌握相应的文化背景知识。

三、对外汉语教学

（一）对外汉语教学的性质和名称

1. 学科的性质

对外汉语教学，一般指中国教师教外国人学汉语。对于外国人来说，汉语一般不是他们的母语（极少数的华裔外国人除外），而是外族语。所以，从学生的角度看，对外汉语教学是外语教学，是第二语言教学。对外汉语既然是外语教学，当然就会呈现出外语教学的一般规律。对外汉语，学的是汉语，它又会显现汉语教学的规律，应该把握这两种规律。

2. 学科的名称

"对外汉语教学"这一名称从1982年正式出现，虽然有学者提出异议，觉得这名称表义不是很准确，但约定俗成，大家都用习惯了，也找不出更好的替代名词，于是就这么用沿用下来。

"对外汉语教学"是从中国人的视角看世界而确定的名称。除了这一名称外，与外国人学习汉语有关的名称还有："中文教学"（美国）、"中国语教学"（日本、韩国）、"华语（华文）教学"（东南亚），这些是从外国人的角度设定的名称。"汉语作为第二语言的教学"，这应该是一个恰当而准确的名称，但大家普遍认为太长，不便称说。

"对外汉语教学"是从中国人的角度确定的名称，当有外国人在场一起讨论问题时，这个名字就显得不恰当了。1985年8月，由中国教育学会对外汉语教学研究会（现名中国对外汉语教学学会）和北京语言学院（现北京语言大学）联合举办的第一届国际汉语教学讨论会在北京举行。根据各国与会学者的建议，会议闭幕后，在中国国家教育委员会的支持下，北京语言学院和中国对外汉语教学学会立即着手筹备成立汉语教学的国际组织。

在1987年8月举行的第二届国际汉语教学讨论会期间，召开了世界汉语教学学会发起人会议和筹备会议，在充分讨论和协商一致的基础上，于8月14日召开了世界汉语教学学会成立大会。由此，正式使用了"汉语教学"这一名称。从发展的角度看，如果能对"汉语教学"这一名称加以界定，使之与汉族的母语学习和少数民族的汉语学习区别开，这个名字应该比"对外汉语教学"要好。

（二）对外汉语教学的内容

与所有的语言学习一样，对外汉语教学要求学生掌握语言要素，学的是汉语，自然就是要掌握汉语的语音、词汇、语法和语言使用的文化背景。

1. 语音

学习汉语的音素、音节和音位以及音变、轻声和儿化现象；学习汉语传统的语音分析方法：声母、韵母、声调；学习汉语拼音方案，掌握汉语拼音的拼写规则。

2. 词汇

结合汉字学习，掌握汉语的常用语素，根据不同等级定量；掌握汉语的常用词汇、习惯语和一定的专门用语，根据不同等级定量；掌握术语：社会生活术语、政治术语。

3. 语法

掌握汉语的常用句型、句式、句类；注意汉语词类在充当句子成分方面的宽泛性；注意汉语的特殊句式，如把字句、被字句、存现句、兼语句、连谓句、主谓谓语句。

4. 文化背景

"文化"是一个含义很广泛的词语，可以涉及政治观念、宗教思想、风俗习惯、伦理道德、价值取向、文学艺术、社交礼仪等社会生活的所有方面。可以结合阅读课（包括精读课、一般阅读课和报刊阅读课等），介绍课文涉及的文化内容，也可以开设专门的中国文化课。文化课不应该只是音乐、绘画、武术等文化形式，应该介绍包括风俗习惯、价值取向、民族精神理念等文化核心内容，还可以组织学生进行讨论以加深认识。

(三) 汉语水平考试（HSK）

为统一和规范汉语教学的考核，教育部设立了国家汉语水平考试委员会，每年定期在中国国内和海外举办汉语水平考试，凡成绩达到规定标准者，由国家汉语水平考试委员会统一颁发《汉语水平证书》。

汉语水平考试是测量母语非汉语者（包括外国人、华侨和中国国内少数民族学员）的汉语水平而设立的国家级标准化考试。[①] 汉语水平考试是由北京语言大学汉语水平考试中心设计研制的，于1990年2月通过专家鉴定。

汉语水平考试是统一的标准化考试，实行统一命题、考试、阅卷、评分，并统一颁发证书。汉语水平考试分为基础汉语水平考试、初中等汉语水平考试和高等汉语水平考试，凡考试成绩达到规定标准者，可获得相应等级的《汉语水平证书》。

《汉语水平证书》分为：基础水平证书（A、B、C三级，A级最高，下同）、初等水平证书（A、B、C三级）、中等水平证书（A、B、C三级）、高等水平证书（A、B、C三级）。汉语水平考试的分数等级共11级，3~5级为初等水平，6~8级为中等水平，9~11级为高等水平。

《汉语水平证书》的效力是：

（1）作为达到进入中国高等院校学习专业或报考研究生所要求的实际汉语水平的证明。

（2）作为汉语水平达到某种等级或免修相应级别汉语课程的证明。

考试由客观性考试和主观性考试两个类别构成。客观性考试由三个项目组成：听力理解、阅读理解、综合表达。主观性考试由两个项目组成：作文、口试。

2007年，北京语言大学汉语考试中心推出汉语水平考试改进版，其内容包含HSK（初级）、HSK（中级）和HSK（高级）三个级别。每个级别的考试都由主试卷、口语试卷和写作试卷三个部分组成。这三个部分考试各自独立施测，应试者可以根据自己的需要分别报考。其中，主试卷侧重考查听和读的能力，口语试卷考查口头表达能力，写作试卷考查书面表达能力。这样，HSK就实现了对听、说、读、写四项语言技能的全面测评。

一般的外语教学、对外汉语教学和少数民族的汉语教学都是第二语言教学，它们都有共通点，但是它们之间又有一些差别，应该根据不同的情况实施不同的语言教育。

[①] 林晓勤. 汉语普通话语音教学 [M]. 宁波：宁波出版社，2005：77.

第四节 特殊教育中的语言教学研究

一、特殊教育的含义

对身体有残疾的人进行的教育,我国统称为特殊教育。特殊教育是国民教育体系的重要组成部分。办好特殊教育是促进残疾人全面发展、更好融入社会的基本途径。

2017年7月,教育部、国家发展改革委、民政部、财政部、人力资源社会保障部、卫生计生委和中国残联联合印发了《第二期特殊教育提升计划(2017-2020年)》(以下称《二期计划》),正式启动实施第二期特殊教育提升计划。

《二期计划》的总体目标是"到2020年,残疾儿童少年义务教育入学率达到95%以上,非义务教育阶段特殊教育规模显著扩大,各级各类特殊教育普及水平全面提高。特殊教育学校、普通学校随班就读和送教上门的运行保障能力全面增强。教育质量全面提升,建立一支数量充足、结构合理、素质优良、富有爱心的特教教师队伍,特殊教育学校国家课程教材体系基本建成"。[①]

二、听力残疾人和言语残疾人的语言教育

(一)听力残疾人和言语残疾人的语言障碍

听力残疾人与言语残疾人一般合称为"聋哑人",为称说方便,也可以称为"听障人"。听力残疾人因为听觉系统受到破坏,接收不到声音,因此也就无法感知语音。除了无法感知语音之外,他们还无法模仿语音,也就无法说话,所以无法使用语言这一交际工具。言语残疾人特指发音器官受到破坏的人,他们即使能感知语音,但却无法发出声音,所以,他们同样无法使用语言这一交际工具。

针对听障人不能使用健全人的语言系统进行交际这一情况,教育部门对他

[①] 陈如平,方铭琳,李红恩. 辉煌四十年 中国基础教育改革大事记 义务教育卷(下)[M]. 济南:山东友谊出版社,2019:669.

们的帮助,其一是帮助他们掌握特殊的交际工具——手语;其二是帮助他们尽量掌握健全人的语言系统。

(二) 手语的教学

手语指主要通过手(包括手指、手掌、手臂等)的动作,配合脸部表情以及其他一些肢体动作用以表达思想的交际工具。

1. 手语的分类

手语可以细分成两类:手势语和手指语。

手势语:通过手的整体动作(也包括手掌、手指、手臂等的局部动作)来表达意义。手势语表达的通常是词语甚至是语句。

手指语:主要通过手指姿势、动作的变化来表达意思。手指语通常表达的是音位或词语。

2. 手语的模式

中国手语是一种多结合的模式,既有手势,也有手指动作,大体上有如下几种模式:

(1) 模仿实物。例如,"麦当劳":模仿其标志"M"的图形;"肯德基":一手放在耳朵旁模仿鸡嘴的动作。

(2) 模仿汉字。例如,"人"的表示:双手食指搭成"人"字形。

(3) 动作表示特定含义。例如,"西餐":左手食指、中指分开,向斜下方伸出,如用叉子叉食品;右手食指、中指并拢朝下,表示餐刀。

(三) 有声语言教育

有声语言指健全人所使用的通过嘴巴发出有声的语言,在这里也包括语言的替代品——文字。

手语是听障人最常用的交际工具,残疾人可以借助手语进行相互间的沟通,但是,健全人一般是不会手语的,所以残疾人与健全人之间的沟通存在问题,需要解决这个问题。目前,学校教育主要从以下几个方面着手解决问题:

第一,对于有听力的言语残疾人,应该帮助他们听懂语言,在听懂语言之后能做出相应的回应。

第二,对于有微弱听力的听力残疾人,应该想办法提高他们的听力,如选配适当的助听器来提高听力。发音器官如果健全的,应该帮助他们提高发音能力;发音器官如果也有问题的则要帮助其采取别的回应方法。

第三,要帮助听障人看懂文字,能够借助文字进行交际与沟通。

第四,人说话时,发不同的音,嘴巴的形状是会有不同变化的,如果能根据口型"看"到对方表达的意思，可以做出回应，进行交流，那么也可以培养残疾人看"口型"，通过看口型来了解对方的意思。

(四) 特殊语言教育中的相关问题

1. 听障人的思维能力

首先，听障人应该是能够思维的。听障人被损坏的器官大体上有三种情况，一是听觉器官受损；二是发音器官受损；三是听觉器官和发音器官都受损。无论是听觉器官受损还是发音器官受损，现在还没有证据显示这两种器官的损坏会连带地损坏大脑或者说是损坏人的思维能力。事实上，除了不会说话之外，听障人都能够与健全人生活在这个社会之中，都有思维能力。

人的大脑是由左右两半球组成的，右半球掌管直观的具象思维，左半球掌握抽象思维。思维总要凭借一定的工具或者外壳，具象思维可以直接凭借具体物品的外形，而抽象思维则要凭借符号。语言是思维最常用的一套符号系统，因此人们常说语言是思维工具。

语言只是一种符号，声音是语言这种符号的物质外壳。除了语言是符号之外，人类还设立了很多符号，比如"+-×÷="等的数理化符号，国旗、国徽、军警徽章等符号，铁路、公路上的标志，厕所的标志等。所以，符号的物质外壳除了声音之外，还可以是线条，可以是平面图案，也可以是立体的实物。抽象思维如果可以凭借以声音做外壳的语言符号进行，它也完全可以凭借其他物质外壳的符号进行。因此，语言只是最常用的思维工具，而不是唯一的思维工具。听障人是可以凭借其他物质形式进行思维的。

2. 听障人的语言能力

第一，不会说是否意味着丧失语言能力？

听障人是不会说话的。那么，不会说话是否意味着丧失语言能力？这个问题是值得讨论的。在人的语言系统中，除了发音器官和听觉器官之外，应该还包括神经系统和大脑皮层的若干部位，如布洛卡区和维尔尼克区等。当听障人修复了被损坏的器官之后，他们可以开启被封闭的大脑的相关部位，从而恢复语言能力。听障人不会说话不等于丧失语言能力。

第二，受损器官无法修复的情况下的语言运用。

首先，听障人如果只是发音器官受损而听觉器官健全，那么是可以听见声音的，这类残疾人可以接受语言训练，如一边发音一边配以图片或实物，使他们建立语音系统和词汇系统，然后再建立语法系统，经过一定的训练是可以借助文字或手势接受和使用语言的。

其次，如果听觉器官受损，尤其是先天受损，而且又无法修复，那么这类听障人是完全接收不到任何声音的，因此他们肯定是无法使用有声语言的，这时他们大脑皮层中负责语言的部位是否会起某些作用呢？从现有情况看，语言部位还是会起一定作用的。

语言部位起作用的表现之一是听障人可以使用手语。手语不一定都是语言，但是手语中的一些动作肯定是可以代表语词的。听障人在交际时有些动作是连串发生的，如果动作与动作之间的连接是有规律的，这些规律能否叫作语法？如果动作代表语词，动作的连接规律叫作语法，那么手语就是语言了。听障人能使用手语，那就说明，大脑的语言部位在没有语音的情况下依然可以起作用。

语言部位起作用的表现之二是听障人可以使用文字。在学校教育中，教师可以把文字与图画相对应，或者把文字与实物相对应，从而在听障人大脑中唤醒起语词体系，再通过文字的组合唤醒语法体系，最终使听障人能够使用语言。听障人如果能够使用文字，这也明显地显示出听障人大脑中的语言部位在没有语音的情况下可以起作用。

3. 手语是否属于语言

手语包含了手指语和手势语两类。

手指语是健全人在语言的基础上创造的。手的动作代表的是语音单位或者是语词单位，动作与动作之间的连接采用的是语言的语法形式，如词的连接顺序等。手指语除了把物质外壳从声音改为动作之外，其他的都与有声语言相同，所以手指语无疑是一种语言形式。

手势语是听障人在非语言思维的基础上约定俗成的。在这些手势中，手的动作代表的是某一物体而不是语音单位，也不是语词单位，动作与动作之间的连接并不按照哪一种语言的语法。针对手势语没有语音，也没有语词，没有语法这一现象，一部分学者认为手势语不是语言。

但是，如果某一动作固定地代表了某一个物体，这个动作其实是可以理解为语词的。动作与动作之间的连接方式如果是有规律可循的，其实也是可以叫作"语法"的。所以也有学者认为手势语应该是语言的一种。

4. 听障人的语言教育

特殊学校教育要统一手语其实是不容易的。语言中的共同语和方言，理论上的解释是，某一民族本来都使用相同的语言形式，后来这一民族的一部分人因为地处偏远，因而语言受到干扰而产生变异，于是就形成方言。共同语和方言是干流和支流的关系。而在手语中，手势语和手指语却是在不同的思维模式下建立的，两者的关系根本就是两条不同的河流。

特殊学校教育应该真正弄清听障人的思维形式，找出手势语和手指语的差别，寻找他们使用语言的规律，做到有的放矢，这样才能使智障人更好地掌握和使用语言。另外，手语的词汇量还明显偏少，尤其是手指语的词汇量还不够丰富，这也影响了手指语的使用，应该考虑加大手指语的词汇量。

三、视力残疾人的语言教育

（一）视力残疾人

视力残疾人指视觉器官受到损坏的人，也称"盲人""视障人"，为称说方便，统称"视障人"。视障人的听觉器官和发音器官都是正常的，他们的听和说都没问题，他们要解决的是"看"的问题。

（二）盲字教学

解决视障人看的问题，目前是通过盲字来解决的。盲字，也称为盲文。现在所用的盲文是国际性的，1824年由法国视障人路易·布莱尔（Louis Braille）所发明。国际上以布莱尔的名字命名这种文字，叫"布莱尔盲文"。

布莱尔盲文由63个编码字符组成，每一个字符由1~6个凸起的点安排在一个有6个点位的长方形里。为了确认63个不同的点式或盲文字符，数点位时是左起自上而下1-2-3，然后右起自上而下4-5-6。这些点因为凸起，所以可以用手指轻轻摸读。手写盲文时首先要备一个金属或塑料制成的盲文字板和专用的椎笔。把纸放在字板中间，用铁笔头把纸压到下层板上的小窝里或成凸点，或成浮雕状，按布莱尔字符从右向左写。把纸翻过来一点就朝上，从左往右读。布莱尔盲文也可用特制的机器造出。

1953年开始，我国推广现行盲字，这是以普通话为基础、北京语音为标准的拼音盲字，字的表达方式借鉴了布莱尔浮雕六点制。这种拼音盲文有18个声母、34个韵母，声韵双拼为一个音节，用另一个盲符作为调号；分词连写，必要时使用少量声调符号，以区别同音字和生僻词。

1975年，盲字工作者提出了盲字改革，历经十几年的研究和探索，确定了"汉语双拼盲文"方案。它是以两方盲符拼写汉语的一个实有音节，即带调音节，声方在左，韵方在右。声方有声母、半声母、介母和零声符；韵方有韵母、零韵符和调号。

第七章 语言传播研究

随着人类进入信息时代,高科技的迅速发展、经济的全球化、信息高速公路的大普及,带来了全球性的商品流、信息流、技术流、人才流、文化流,国家与国家之间、地区与地区之间的交流日益频繁,而且日趋多样化。要让这一条条细流汇合成畅通无阻的洪流,语言传播是一个不可缺少的必备条件。语言传播是亘古普存之现象,是民族间接触、交流乃至碰撞的方式,也是民族间接触、交流乃至碰撞的先导与结果。语言在传播中发展或蜕变,社会在语言传播中争斗与进步。本章对语言传播问题进行了分析与总结。

第一节 传播语言学概述

一、传播语言学的定义

语言是最重要的交际符号,在传播中起重要作用。传播语言学就是研究人类在信息传播活动中语言的运用和理解规律的一门学科,是语言学和传播学的交叉学科。

二、传播语言学的学科界定

传播语言学是语言学和传播学相结合的边缘学科,准确地说,传播语言学是把人类的语言交际置于社会传播的大背景中加以考察,借鉴传播学的理论和方法来深化语言本体的研究。

(一)传播语言学与传播语言研究

由于传播语言学是一门新兴的边缘性学科,它的内涵和外延都还不十分清楚，因此我们首先必须把传播语言学同一般的传播语言研究区别开来。当前社会上的传播语言研究集中在三个方面：其一是新闻语言研究，主要探索新闻语言的特点和表达技巧；其二是公关语言研究，主要探索公关语言的特点和表达技巧；其三是广告语言研究，主要探索广告语言的特点和表达技巧。但是这些传播语言研究都注重表达技巧的讨论，基本上停留在"修辞学"的范畴，不是真正意义上的语言本体研究。而传播语言学在本质上属于语言学的一个门类，立足于语言本体的研究，不是一般的技巧探索。

（二）*传播语言学与相邻学科*

传播语言学与相邻学科有着内在的联系，其中对传播语言学最有影响的是下面两门学科。

1. 语言文字信息处理

语言文字信息处理是运用各种工具、设备，对语言文字符号系统进行转换、传输、存储、加工、复制等处理的一项新兴技术。语言文字的信息处理与传播语言学有相似的一面，都是研究信息的获取、传输、加工、理解的一般规律的学科。但是，前者的一端是人，一端是机器；而后者的一端是人，另一端也是人。因此，传播语言学可以借助语言文字信息处理时运用的一些方法，如计算机语言的程序编写方式等，来进行传播过程中的语言的定量分析和变量分析。

2. 认知心理学

认知心理学研究人类的认知过程，强调认知过程在人的全部心理活动中的重要作用，尤其是认知结构在语言交际过程中的机制和功能。在当代，信息加工理论是认知研究的主流，因此，认知心理学的许多理论正是传播语言学的理论基础之一，特别是传播过程中传播者的语言运用和传受者的语言理解等方面所遇到的问题，都可借助认知心理学的理论和方法来加以解释。

三、传播语言学研究的对象

传播语言学是研究人类在信息传播活动中语言的运用和理解规律的一门学科。语言是一种符号，是构成传播内容的最为基本的元素。那么，作为传播的符号语言应该具有什么性质，语言符号的内部可以分成多少类别，语言符号与其他符号的区别，语言符号在传播过程中的意义类型是什么等问题的分析，是深入地解剖传播内容的途径。因此，对语言符号的研究是传播语言学的主要内容之一。

传播的是信息，信息是传播过程中的主要要素，而语言符号承载的也是信息，因此，语言传播就是传播语言信息的过程。对语言的传播情况进行探索的学科就是传播语言学，它研究的内容十分丰富，不仅研究语言信息的类别，而且会研究语言信息的转换等。

传播具有社会属性，是存在于人与人之间的一种信息的传递与分享，这一过程存在两大主体，一个是传者，另一个是受者，这两大主体并没有轻重之分，其在语言传播过程中都发挥着重要的作用，缺失任何一方都不可能促成传播的实现。对语言传播的过程进行分析，可以发现，传者在传播过程中的心理变化、传者的语言运用等都可以成为传播语言学研究内容体系的一部分。从受者的角度来看，受者在理解语言信息时总是会考虑传播的效果，因此，对于传播语言学来说，它不仅要研究受者在理解语言时的策略问题，而且要具体解剖其解码时的心理变化过程。

另外，传播语言学还要研究语言传播的过程和模式，语言传播的媒介，语言传播的效果以及语言传播的干扰诸问题。

四、加强传播语言学研究的必要性与紧迫性

（一）加强传播语言学研究是大众传播事业发展的需要

人类对信息的需求和物质技术手段的变革是大众传播言语发展的原动力。

首先，从物质技术手段的变革看。我们丰富多彩的言语传播实践证明，传播媒介和言语传播形式的发展对彼此的影响都是深刻的。从传播媒介的发展看，其形态上的任何变化都始终服务于其最初目标——在时空上最大限度地提供结构化的中介信息，从而对传播信息的载体——语言的表述形式产生了深刻的影响。

人类社会的初期，人们主要运用口头的语言。从某种意义上说，公共传播工具——口头语言的产生标志着人类社会的开始，从此人类得以与动物相区别。这是人类传播体系的第一次媒介形态大变化。

通过掌握语言这种符号体系，人类得以用一种有效的方式来收集、处理和传播实用性信息。这样人们就可以结合成更大的群体，有组织地处理复杂难题，以适应自然和社会的发展。由于语言是人类最重要的交际工具和思维工具，口头语言给人类提供了一种将他们搜集到的知识、经验和信仰等文化内容传递给下一代的方式。但是口头语言本身在经历时空的变化时具有不稳定性和不可靠性，因此当一个故事从一个族群传播到另一个族群或代代相传时而丢失许多信息，最终变得不可理解或成了隐喻。这也正是口头语言的局限性所在。

经过漫长的发展，人类社会才进入了文明社会，其标志在于文字的发明。

由于文字的发明，人类有了第二次媒介形态大变化——书面语言形式，它在一定程度上打破了口头语言在时空上的限制，使口头的话语借助文字得以长期留存，这就为人类带来了文明。而且书面传播形式使得口头语言和文化获得了较强的稳定性。

口头语言和书面语言是使传播技术变革的两种催化剂。它们都极大地延伸了人类传播系统，并在文明的进化和传播中起到中心作用。人类社会进入传声技术的新时期后，真正成了千里眼和顺风耳。现在，一种新的并且相当不同的语言种类——数字语言是第三次媒介形态大变化，它作为一种新的激发变革的催化剂，将再一次急剧地影响人类传播和文明的演进。

由于20世纪全球电信和广播电视网络的形成，再加上20世纪七八十年代以来计算机的广泛运用，人类步入了信息社会时期。20世纪90年代末，互联网更以其开放、自由、交互、实时、包容和全球覆盖的无可匹敌的优势，迅速普及全球。网络正以前所未有的深度和广度影响人类生活的各个方面。就大众传播而言，它将彻底改变人们的新闻观念和媒体观念。

从媒介的发展不难发现，各个媒介都有其他媒介所不可替代的特性，包括媒介语言。这些特性并非僵化的，而是不断发展演变的。一切形式的传播都紧紧交织于人类传播系统的结构之中，不能在我们的文化中彼此独立存在。每当一种新的形式出现和发展的时候，它就会长年累月地和程度不同地影响一切其他现存形式的发展。共同演进和共同生存，而不是相继进化和取代，这一直是自第一批有机物在这个星球上首次出现以来的常规。如果每一种新媒介语言的诞生都导致一种旧媒介语言的同时死亡，那么我们现在习以为常的丰富多彩的传播语言就不可能有了。

以上主要是从大众传播的载体看大众传播语言的发展。不仅如此，大众传播事业其他方面的发展同样促进了大众传播语言的发展。大众传播领域面广、点深，涉及报纸、杂志、书籍、电影、广播、电视等六大媒介的各个领域，此外，还包括日新月异的网络媒介领域。各个传播领域都有着复杂多样的传播形式，无疑促进大众传播语言进一步衍生出适当的表述形式。也就是说，媒介不同，场合不同，则语言运用的交际方式和特点会大相径庭。

语言总是随着人类社会发展变化而发展变化的。在社会变革剧烈的年代，语言的变革也在加速。传播由人类的一般传播活动发展成为近代、现代意义上的大众传播事业，经历了一个漫长的过程。在此过程中，大众传播媒介日趋多样化的局面，都引发了大众传播语言不断地演变发展。一系列传播手段即交际方式的新发展，都会带来语言构成成分方面的新变化，从而产生一系列语言变体。因此，传播语言学的研究对象和研究范围既是稳定的，又是发展的，我们应该以发展的观点对待它们——包括一切在大众传播活动中运用自然及非自然语言的行为及其成品。

不管传播形态出现怎样的变化，传播信息就离不开语言工具。语言对人类来说，就像空气一样不可缺少。语言随着大众传播事业发展的同时，逐步完成了自身的成长过程，形成了自身的特点。语言运用成了大众传播活动中重要的、不可缺少的有机组成部分。但是从现有文献看，无论是国外和还是国内，对传播语言问题进行细致、深入、全面研究的成果尚嫌不足。更谈不上建立完整，独立的传播语言学的科学体系了，这一局面和大众传播事业的发展极不相称。比如，通过电磁波瞬间把信息传遍世界的数字语言，越来越表现出许多与传统语言不同的个性。人类语言生活也因之出现了新特征。当前在语文现代化的进程中，如何解释网话这种新出现的言语及非言语现象就是一个迫在眉睫的问题。因此深入研究传播语言学（大众传播活动中的言语行为及其作品），系统揭示大众传播语言的运用原则和规律并指导大众传播言语实践，不仅十分必要，而且意义深远。

（二）加强传播语言学研究是现代语言学发展的必然

现代社会是一个信息社会，社会交际活动范围日趋广泛，语言起着越来越重要的作用，语言学研究的领域也随之不断扩大。相应地，语言学的地位也日益提高。大众传播语言的运用问题属于言语范畴，重视和加强对大众传播言语的研究，总结规律，建立传播语言学，符合现代语言学发展的总趋势。

现代科学发展的趋势是学科的相互渗透、相互影响而又分工精细，现代语言学的发展也不例外。当代语言学中应用语言学发展得很快。随着学科的交叉和互相影响，仅仅在语言学领域就先后诞生了人类学语言学、社会语言学、心理语言学、数理语言学（包括统计语言学、代数语言学等）、病理语言学、神经语言学、计算机语言学、发展语言学、应用语言学、认知语言学、模糊语言学、生态语言学等。应用语言学，包括广义的应用语言学的每一个具体分支，都是一门多边缘的综合性学科。因此，在研究应用语言学的具体问题时，不仅需要语言学和相关学科的知识，而且要找到恰当的学科交接面，充分发挥多边缘的综合性学科的作用。

应用语言学还是一门实用性的学科，因此要着眼于实际运用。例如，传播语言学的研究对象是语言，但它并不是就语言而研究语言，为语言而研究语言，而是联系大众传播领域的实际，结合语言学、应用语言学、传播学、社会学等相关学科方面的科研成果，对大众传播语言的性质和功能做了多侧面的分析，从一个新的角度给它下了一个定义，即传播语言学是研究大众传播言语现象的科学。它同时指出了大众传播语言既有静态的一面，又有动态的一面。在整个研究过程中，我们把传播语言学放在语言和社会传播的大系统里加以考察，这样有利于正确认识其本质及联系，从而更科学地驾驭它，更好地发挥它的作用。大众传播言语在满足人类日益增长的信息需要和适应物质技术手段的变革中得到不断发展。

第二节　文学语言研究

一、文学语言概述

（一）文学语言的定义

文学是语言的艺术。但语言并不是客观的具体存在形式，而只是一种储藏信息的载体和表达思想的符号。因此，文学与语言的关系是密不可分的。文学作品的内容，它的各个组成部分，不但靠语言来表现，同时，须借语言把它们缝合成一个有机的整体，从而成为完整的艺术画面。

语言好比一个圆球，由核心和外延组成。核心是抽象的体系，外延是实在的应用。后者是前者的外化形成，受前者的支配和制约。语言使用者在掌握抽象的语言体系的前提下，创造出合乎这一体系的各种话语。

传统的语言学理论是依附于西方知识论哲学发展起来的。它主要是把语言看作一种思想的"工具""媒介""载体""形式"。语言功能在于表达生活和情感的内容；语言是文学作品的形式要素，它处于被内容决定的地位。但是，文学语言不只是文学最重要的形式因素，其本身也具有内容性，它既是工具与手段，又是文学的对象与内容。

根据马克思主义文艺学原理，文学的本质是一种特殊的社会审美意识形态，因而文学语言的性质与内涵，必须由文学本体的核心因素来决定。就好比先秦诸子的作品，是以"简而约"作为那个时代的语文特色，到汉魏盛行艳丽的赋体文章，至晋朝崇尚浮华空谈的文学话语，都是受当时社会审美意识左右而衍生出来的文学语言。在这个意义上，所谓文学语言，是指文学作品使用的、体现文学性与审美性的、独具特色的语言。

(二) 文学语言的本质

文学语言的本质在于它是一种"艺术语言(艺术符号)。

一方面,它不是另外构造一套完全独立的语言体系,而是对普通语言的语音、语义、语汇、语法等的审美特性的运用、加工与升华,因而文学语言必然具有语言性,它必须遵循语言的基本结构与功能系统。

另一方面,文学语言作为"话语"又加入了一个特定的艺术领域,即加入一个由它自身的叙述和描绘所构成的文学虚幻性的艺术情境,因而文学语言又必然具有文学性,它必须遵循文学以艺术形象表象生命形态和人性人心的艺术规范。

在文学作品中,文学语言的语言性与文学性,既相辅相成,又融为一体。这种语言性与文学性的有机融合,正是文学语言固有性质的集中表征。也正是这种两重性,或称两栖性,即使文学作品语言往往成为文学语言的"典范",也从根本上决定了文学语言研究的跨学科性质。

(三) 文学语言的特点

语言是信息的载体,是传达意义的工具。文学是语言的艺术,离开了语言,文学无以存在。语言既是文学作品存在的显现,使文学实物化,又是文学作品审美价值生成的重要条件。如果没有精湛的语言,就不会有出色的作品,语言是文学的生命,是文学生存的世界。文学语言主要具备以下几方面特点。

1. 形象性

文学艺术最为鲜明的特征就是形象性。作家为了表现美、创造美,必须塑造形象,把自己的情志纳入一个个生动可感的外观中。文学语言的形象性要求作家能以形象化的语言,将千姿百态的事物的性质、情状和人物所处的环境、人物之间的关系、个性特征以及心理活动,鲜明具体地展示给读者,使读者能够生动直观地去"想象"它们、感受它们。语言形象化的关键是作者运用丰富的词汇及其巧妙的组合,揭示出所写对象的具体特征,达到清晰深刻、栩栩如生的形象化效果,启发读者展开丰富的想象。

2. 自指性

所谓自指性,就是自我指涉性,与语言的他指性(外部指涉性)相对。语言的他指性是指语言用于信息交流后,就完成了自己的所有使命。而语言的自指性则在语言完成信息交流任务后,还会关注语言自身的表达是否具有音乐性、节奏感、语体美等审美效果。

文学语言的自指性往往通过"突显",亦即"前景化"的方式表现出来,也就是说，使话语在一般背景中突显出来，占据前景的位置。文学作品中这种"反常化"语言随处可见，可表现在文学语言的语音、语法、语义、语体、书写等方面。

3. 准确性

准确性是对文学语言的基本要求，是优秀文学作品应具备的语言特色之一。在文学艺术中，语言的准确性是指恰到好处地抒发作家情怀，惟妙惟肖地刻画艺术形象，精致入微地营造审美意境等，在语言上表现为方方面面的协调作用。

4. 曲指性

人们日常交流所用语言注重简洁明了，直达其意，也就是语言的直指性，但是文学语言的表达，为了追求审美效果和艺术感染力，则更看重曲达其意，也就是语言的曲指性。

所谓文学语言的曲指性是指文学作者经常采用一些曲折迂回的表达手法表达他的意思，使他所表达的意思不费一番思索和揣测就很难被读者把握到。文学语言曲指性的形成，从作者角度来看，是作家表意时自觉追求的结果，有时还是迫于外在环境（如政治原因）而形成的结果；从语言自身角度来看，是由于通过形象所指涉的内容具有不可穷尽性的特点所致；从读者角度来看，则与读者的审美要求有关，读者可从中获得更多想象与回味的余地。

5. 生动性

生动性是在准确性的基础上对文学语言的进一步要求。一部作品内容再好，如果语言不生动形象，它的艺术效果就会大为逊色，很难引起读者的兴趣。

文学作品中，语言的生动性可以主要从这么几方面来把握：第一，语言要具体形象。写人要写得栩栩如生，使人如见其形，如闻其声，叙事绘景要写得有声有色，使人身临其境。第二，语言要新鲜活泼，使人读起来趣味盎然。新鲜活泼的语言是对语言的创造性运用，是从现实生活中汲取并加工提炼出来的，表现为词汇丰富多彩，句式灵活多样，修辞方式新颖脱俗等方面，从而要杜绝语词晦涩贫乏、句式死板呆滞、修辞手法陈旧等。第三，就语音形式方面而言，语言要和谐匀称。对于文学语言，除了要求语义准确外，还要求声调和谐，音节匀称。优秀的作品总是不但内容好，而且读起来上口，听起来悦耳。

6. 虚指性

尽管人们日常交流讲求说真话，讲实事，也就是真实陈述，追求生活的真实。但是文学语言的表达往往指涉的是虚构的、假想的情景，追求的是艺术的真实。

文学语言的虚指性是指文学语言所指涉的内容不是外部世界中已经存在的实事，而是一些虚构的、假想的情景。文学语言的这种特性是由文学创作活动需要想象和虚构的特点所决定的。因而对文学作品中这种指涉虚构情景的陈述，人们称之为"虚假陈述"或"伪陈述"。"虚假陈述"不是要告诉人们现实中发生的真人真事，但也不意味着"说谎"或有意地"弄虚作假"，而是为了以想象的真实、情感的真实制造出人们颇能接受，又能更有效地感染、打动他们的某种美学效果。其目的就是要通过虚构的情景激起读者喜怒哀乐的情感，使之获得审美的愉悦，并在审美愉悦中给他们以思想上和精神上的教益。

7. 暗示性

文学语言的暗示性，就是指通过特定的词语或组句，在文学作品中造出一种文字上的朦朦胧胧的空白，给读者留下想象与回味的空间。文学创作不可能也不必要用语言把什么都写出来，而应留有空间，让欣赏者去品味、去领略。文学作品中需要有"空白""未定点"，来推动、诱发读者进行想象和联想，丰富的"言外之意"，使作品不仅"可读""可感"，还要"可塑"，具有品味不尽的艺术魅力。文学作品中的"空白"通常是作家运用文学语言的暗示性所形成的。

文学语言常蕴含着复杂的含义，暗示着更隐性的思想、感情，语词完全可能传达出与字面义不同甚至相反的含义。

二、文学语言与科学语言的差异

文学语言的本质在于它是一种"艺术语言"（艺术符号），它要受一般艺术规律和文学规律的制约，因此，又具有不同于科学语言的特性。科学语言与文学语言的差异主要表现在以下几个方面。[1]

（一）思维方式不同

科学主要通过抽象思维从理性上来认识世界，而文学艺术是通过形象思维从情感上去认识世界。语言是思维的载体。抽象思维和形象思维的各自特点，决定了它们与语言处于不尽相同的关系之中。科学语言包括自然科学语言和社会科学语言。在人类改造世界的历史进程中发展起来的科学语言，作为理论思维的工具，充分发展了认识性、概念性、逻辑性、精确性、目的性等方面的特征，并始终遵循着理性逻辑。与科学语言相适应的是人类理论的掌握世界的方式。科学论著运用判断推理、逻辑论证等形式，或通过归纳、演绎等方式，表

---

[1] 祝云珠，代军诗. 文学概论［M］. 成都：电子科技大学出版社，2017：24-25.

达人们对生活的理性认识和对事物的本质把握，具有严密的逻辑性和高度的思辨性，通过准确清晰的语言揭示事物的规律性及事物发展变化的客观必然性。文学的对象和内容是整体的、具有审美属性的社会生活，文学是以具体感性的艺术形象的形式来反映社会生活和表现想象世界的，用艺术话语传达出作者复杂、微妙的审美感受和体验。为此，文学家挖掘和强化了日常语言的感觉功能和表情功能，发展了其非概念、非逻辑、无功利的特点，突出了语言的审美表现性。由于文学语言遵循的是情感逻辑，因而在语言运用上具有极大的灵活性。

（二）表现形式不同

科学是运用抽象的概念来进行判断、推理，以理论的形式来反映客观事物的本质和规律，这就决定了科学语言是一种"解说"性语言，它要求准确严谨，严格遵守语法和常识逻辑，采用规范的语言搭配，精确地描写、表述或推求真理，其所指和能指是一对一的简单明晰的关系。而文学作品本质上是一个渗透主体审美情感，并在一个具体审美理想的指引下，被作家通过想象创造出来的虚构的世界。文学文本语言是为情造语，是追求语言美学功能和表情功能的语言形式。文学语言中蕴含着文学作品的意味。

文学要通过语言传达文学家萌发的独特感受、心境，这些感受既有明朗的"可以言传"的，也有朦胧的难以名状的。文学要担负起表达人类复杂情感的任务，决定了它所使用的语言必定不同于科学语言。文学语言势必要表现出多度的多义性和言不尽意的现象，必然要拓展出暧昧性、不确定性。

（三）主体传达与接受的态度不同

科学语言作为一种推理性符号，旨在"使用"那些约定俗成的语言意义和语法手段来准确地传达科学的内容，拒绝任何个人情绪、情感的介入，不必进行审美观照，因而在语言的运用上强调规范，无须创造。一篇哲学、经济学或史学的论文，一篇自然科学的实验报告，绝不会追求语言技巧上的娱乐性，语感上的审美性，其要达到的要求是观点鲜明、语言简洁、条理清楚、表达严密。但文学语言则不然，它是一种表现符号，传达的是主体复杂的情感经验。人类的情感生活生生不息、瞬息万变、朦胧微妙，作为其表现形式的文学语言自然有着"言有尽而意无穷"的尴尬。为了言能尽意，就需要文学家打破成规，创造性地使用语言，用心灵去锤字炼句，对语言进行艺术加工，按照主体的情感流向和想象的逻辑来重新组织安排话语结构，以便更好地传达出主体原初经验的模糊感、新异感、真切感。在对这两种语言的接受上，接受主体的态度也有区别。对科学语言的接受重在理解，对文学语言的接受则重在体味，接受者只有用心体味，才能领悟文学语言中潜藏着的深层意蕴。此外，科学语言强调语义而不注重语音、语调等特点，而文学语言则是一种具有能指优势的语言符号。

概言之，文学语言与非文学语言虽有密切联系，但又有鲜明的区别。所谓文学语言是指文学作品中所使用的、体现文学性与审美性的、独具特色的语言。它是一种承载着丰富的情感信息和美感信息的艺术符号。

三、主要文学语言

（一）戏剧语言

戏剧语言以人物语言、舞台说明为主。语言在戏剧中占据重要地位，可以说，它是戏剧的基础，如果没有语言，那么戏剧中的剧情发展、情节过渡、冲突刻画、人物塑造等都很难完成。戏剧艺术具有综合性，它囊括多种艺术形式，而这些艺术形式中最直击观众内心的就是语言。戏剧语言还包括戏剧中人物的台词，即人物自己的独白、与他人的对白以及旁白等。对白可以表现人物的性格，间接地交代剧中的人物关系，让人物在特定的对话情景中倾吐自己的思想感情，同时能推进故事情节的发展。独白是人物的"自言自语"，创作者可以借人物之口阐述主题，表达情感。旁白的对话对象实际上是观众，它主要借助剧中某个人物的口吻与观众对话。由此可见，戏剧中的台词发挥着非常重要的作用。在台词的设计与编写上，要尽量做到通俗易懂、自然真实，要简练、清晰，不能过于啰唆，还要有一定的口语化设计，过于书面语的台词不利于观众理解和接受。

戏剧艺术是一种舞台艺术，它将语言形式作为主要的表达形式。戏剧语言应该向艺术语言靠拢，尽管戏剧语言需要具有一定的通俗性、真实性，但是这并不代表演员在舞台上能随意地说话，对于台词的安排、语言的分寸感、讲话的节奏感以及语气、语调的变化等，都需要经过合理的设计，这样才能让观众听清、听懂，并且体会到戏剧语言的美感。这种语言的美感不同于朗诵式的美感，它更加符合观众的语言习惯，因此也更容易被观众所接受。不同的戏剧作品会呈现出不同的风格，其语言美感也是不同的。同时，每位戏剧演员在一场场的演出中都会有新的感受，其经验会有所增加，感悟也会有所深化，他们会对上一场演出进行反思，进而在下一场演出中进行改进，由此呈现出来的美感与效果也是不同的。

戏剧语言不能过于烦琐、模糊，而是要精练、清晰，寓意深刻，要易于被观众接受和理解，同时要留出一定的想象空间，这就需要戏剧语言中含有一部分潜台词。潜台词是人物内心潜在的话语，它是"言外之意""弦外之音"，它可以更加细腻地刻画人物性格，让观众通过自己的想象对戏剧中的"未尽之言"进行补充，从而产生更加深入的理解。所有的台词中都可以渗入潜台词。

戏剧语言具有动作化的特征，也就是说，戏剧语言具有行动性，因为戏剧表演与动作是分不开的。通常，戏剧作品中少有描述性的语言，大多是人物的对话与独白，这些人物语言自然不是孤立存在的，而是与人物的动作、神态相联系、相配合。戏剧语言的动作化就是将人物的语言与动作、姿态、神情等连接在一起，突出表现人物的思想感情。实际上，语言的动作化就是对人物内心想法的一种外化体现。台词在戏剧表演中占据重要位置，对台词进行深入的分析、恰当的处理是戏剧演员必须掌握的技能之一。

要想成功地塑造人物、传达戏剧作品的主旨，演员就必须具备一定的台词技巧，能够灵活地、恰到好处地处理人物的语言与动作。从某种意义上来说，语言本质上就是一种动作。在戏剧表演中，演员应该学会使用有行动性的语言，借此刻画人物性格，表明人物关系，突出作品主题，引发观众联想。当然，演员对台词的把握并不是简单地背台词，而是要挖掘台词的内涵，深入分析台词，透过台词明确剧中人物的意志，找到符合人物的动作。在不同的人物意志的驱使下，在不同的对话情景中，在不同的语言动作的配合下，同一句台词会呈现出完全不同的效果，其表达的内涵也完全不同。

戏剧语言具有个性化的特征，在剧中每个人物说出的话都应该符合该角色的个性，比如，符合人物的年龄、性别、社会地位等，最重要的是要符合人物的性格特征。戏剧语言具有形象化的特征，人物的对白应该反映现实生活，形象生动。此外，戏剧语言还需具有哲理性，能够给观众带来一定的启发，引发观众的思考。

（二）诗歌语言

诗歌语言的精练是其重要特征，也是其区别于其他文学语言的重要一点。诗歌要求作者用简练、高度概括的文字进行艺术创作，诗歌语言具有叙事、咏物、抒怀的功能。

诗歌语言要求精练，但也要具有情节逻辑的连贯性，不能为了营造简练的感觉而东拼西凑。诗歌语言往往可以通过较少的文字来呈现丰富的情感内容，能够生动、形象地表现人物、事物的特征，其表达风格大多较为含蓄。由于对字数的控制有较高的要求，一般诗歌语言需要用一个词或一句话来传达多层含义，这就要求创作者具有较高的语言水平，能够选择适当的语句来表达丰富的诗歌内涵。过于直白的语言很难营造美好的意境，因此诗歌语言往往是含蓄的，创作者通常是借物喻人、借景抒情、借物言志。诗歌语言的这种含蓄美能够带给读者一种朦胧感，让读者有更多的想象空间，将自己的情感带入其中，与创作者产生共鸣，体会到更深层次的艺术语言的魅力。

概括来说，诗歌语言具有精练、生动、和谐、含蓄等特点。人们在欣赏诗歌时应该一字一句地品味，细细体会字句的安排与设计，感受诗歌语言中的动静谐合、情理交融，把握诗歌语言语序倒置的修辞特点。只有这样才能充分感知诗歌作品的艺术表现力，了解诗歌作品的思想主旨，真正投入作品营造的美好意境中。

（三）小说语言

小说是通过塑造人物、叙述故事、描写环境来反映生活、表达思想的一种文学体裁。小说作者对社会生活进行艺术概括，通过叙述人的语言来描绘生活事件，塑造人物形象，展开作品主题，表达作者思想感情，从而艺术地反映和表现社会生活。

小说主要由人物、情节、环境构成，环境包括自然环境与社会环境，其中人物形象的塑造是最重要的因素。一部小说作品中的人物往往是创作者根据现实生活经验塑造出来的典型人物，这些人物通常具有一定的代表性，可以代表某一类人群，某种程度上，他们也是对现实生活的反映。小说中的故事大多源自生活，只不过作者对这些内容进行了二次处理，对其进行集中、整理、提炼，使其更具情节性，更加吸引眼球。就环境描写而言，社会环境与自然环境同样重要，情节的推进、人物的塑造都离不开环境描写的助推。

小说语言的突出特点就是借助个性化的人物语言进行人物的塑造。一个人的语言往往能反映其性格特征，因此，人物语言可以很好地表现作品中的人物性格。作者在塑造人物时，可以结合不同人物的生活经历、职业专业、情感状态等，选择个性化的、与人物相契合的语言，以此呈现不同人物的性格特征，在作品中创造典型。

小说创作中常见的表现手法还包括"画眼睛""白描"等。"画眼睛"是指在描写人物时有所侧重，抓住突出的重点，通过描写"眼睛"来体现人物身上最鲜明的个性特征，也可以透过"眼睛"来表现人物的思想情感变化，可以说，"眼睛"就是人物的"神"。"白描"是指用最朴素、精练、直接的文字描写来刻画人物形象，这种表现手法看上去比较直白，但往往能直击人心，凸显人们的直观感受。

小说语言对于动词、形容词的使用要求较高,这也是其特点之一。同时,作者还可以使用方言、外来语等较为独特的语言,为小说增添更多趣味。

(四) 散文语言

散文是一种描写见闻、表达感悟的自由灵活的文学样式。不论是述说人生,还是描写自然,作者都是从自我的感悟出发。这种感悟既是对事物的特殊意义和特殊美感的发现,也是作者感情激荡、神思飞扬的心灵体验过程。感悟是散文的思想感情、意味情趣的本源,它能体现作者的个性。如果作者真诚道白,就能让读者从文中体会到作者本人的经历、个性、趣味、爱好、志向、学识、修养。作者的所思所想、所感所悟来源于社会生活和个人生活的体验。因此,作者的感悟既要保持个体的真实性,又不能局限于个人心灵的狭隘圈子,要寻求与读者心灵广泛且直接的沟通,以期获得读者的共鸣。

散文的书写主题多种多样,涉猎极广,从自然风光到社会生活都可以作为散文的书写内容。好的散文语言具有朴素、自然、自由、灵动等特点。与其他文学形式相比,散文的创作确实更加自由,在满足一定的内容主题的前提下,创作者可以随意使用各种写法,没有过多的约束。

如果创作者在下笔前就已经"胸有成竹",那他的散文作品就能具有良好的结构,可以做到形散而神不散。散文语言中的结构非常重要,如果没有对结构进行精心构思与布局,那写出来的句子就只是零散的珠子,没有一根线能将它们穿起来,读者在阅读时也很难把握作品的主旨,难以理解作品中蕴藏的思想感情。有了结构之后,笔法也很重要,散文语言非常注重笔法的巧妙运用,优秀的散文家往往会从细节处落笔,以小见大,通过对局部、细节的精彩描写,表现作品的主题,凸显语言的美感。尽管散文语言朴素自然,少有华丽的辞藻,但是其情感感染力极强,它似涓涓小溪流进读者的心里,唤起人们的情感共鸣,极具文学语言的美感。

第三节 媒体语言研究

一、媒体语言的概念与分类

随着时代的发展、科技的进步,当今媒体已从报纸、杂志、广播发展到电视、网络。新闻传媒作为影响最广泛的大众传播载体,在语言规范的教化中起着潜移默化的重要作用。随着媒体的发展，媒体语言（Media Language）对社会语言生活的影响越来越大，对媒体语言的研究也越来越迫切。

（一）媒体语言的概念

可以从广义和狭义两方面来理解媒体语言呢。广义的媒体语言包括媒体传播的符号系统。狭义的媒体语言包括在媒体中使用的有声语言、副语言、体态语、文字、音响、相关图表、字母等。

（二）媒体语言的分类

媒体语言的分类，就是根据媒体语言所呈现出的不同特征对其划分归类。这种划分归类，对于深入认识媒体语言的特点，有针对性地把握媒体语言研究对象，具有重要作用。

①按媒体划分，可分为报刊语言、广播语言、电视语言、网络语言等。

②按文体划分，可分为新闻（消息）语言、评论语言、通信语言、文艺语言、广告语言等。

③按语言传播样式划分，可分为有声语言和文字语言等。

④按传播符号划分，可分为有声语言传播和副语言传播等。

⑤按节目传播方式划分，可分为直播语言和录播语言。

⑥按语言表达样式划分，可分为宣读式、评述式、播报式、谈话式等。

（三）媒体语言的特点

1. 媒体语言对社会最具影响力

媒体语言介于官方语言和民间语言之间。媒体应该运用主流语言。受众具有不同的文化程度，从事各种职业，要适合大众的水平就必须做到语言通俗易懂。我们应该对大众传媒语言进行多角度的透视，展现其各个层面的特点和规律，从而更好地掌握大众传媒语言的应用。

2. 不同媒体语言的风格不同

不同的媒体因其所凭借的工具和载体不同，其语言也就表现出不同的风格和特点，如报刊语言一般比较严谨；广播电视播音员的语言讲究发音吐字的标准、规范；电视节目主持人的语言声画一体、比较活泼；网络媒体语言追求新异，行文相对比较自由；广告语言因受时空的制约往往更讲究言简意赅、高度凝练。

3. 媒体语言应该具有亲和力

一些广播电台和电视台在播送与评论时事新闻时，往往过于严肃呆板，不够自然，语言模式化、公式化比较明显。显然，媒体语言仅仅做到用语规范还不够。媒体语言还应该做到具有亲和力，具有亲和力应该是媒体用语的新的专业目标和专业标准。传媒本身发展的繁荣与否，很大程度上要看它是否适应了受众的需求，其中就包括媒体用语是否适应受众的需求。当前受众对媒体语言的一个重要要求就是要具有亲和力。但是也要防止以需要亲和力、生动的语言为借口损害基本的语言规范。

二、主要媒体语言

（一）新闻语言

通过新闻媒体向受众传播、报道最新发生的具有新闻价值的信息所用的语言叫新闻语言。新闻语言以事务语言的精练、准确、严谨部分为基础，从文学语言和评论语言中适当撷取富有感情和哲理的成分，从通俗、生动的群众语言中汲取营养。

新闻语言的前身是事务语言，它主要应用于国家事务或重要的个人事务的表述，因此具有简练、严谨的特点。新闻语言对于词语的选用非常慎重，因为有时只要稍微改动一个词就可以表达完全不同的意思。比如，清朝时期，曾国藩在镇压太平军的战事中总是战败，有人在奏疏中上报此事，用了"屡战屡败"一词，而曾国藩则将其改为"屡败屡战"，其表达的意义就立即转变了。事务语言通常用于事务性文件的书写中，其必须做到准确遣词，清晰达意，并且要突出主题，言简意明，这些特点都被新闻语言延续了，并且新闻语言对于真实性、正确性的要求更高。

文学语言具有较高的艺术性，它的目的是塑造人物形象，反映生活，表达情感，它与新闻语言似乎有着分明的界限。但实际上，新闻语言除了要做到真实、准确、精练之外，也要融入一定的情感，这就需要借鉴文学语言，从中获取情感成分，增强新闻语言的吸引力与感染力，达到促进传播的目的。同时，新闻语言也可以借鉴、融合评论语言，学习评论语言的哲理性与逻辑性，从而更透彻地分析社会现象，更深入地剖析社会问题，让人们获得更多的启发，增强新闻报道的效果。

新闻语言的基础还是以通用书面语为主，随着新闻语言的实践、应用与完善，以及现代技术与新闻事业的快速发展，人们对新闻语言的要求也发生了变化。当前的新闻语言是口语与文字语言的结合，因为新闻语言需要兼顾通用性与规范化，如果没有通用性，新闻传播的目的就很难实现；而如果没有规范化，新闻语言的权威性、可信度就会大打折扣，同时，对于广大新闻受众而言，新闻语言还发挥着"语言教师"的作用。由此可见，在新闻语言发展与完善的过程中，其通用性与规范化都不可抛弃。

新闻语言具有客观、准确、简练、朴实、通俗等特点。鉴于新闻报道的事件都是真实存在的、真实发生的，因此新闻语言的应用必须具有客观性。在新闻写作中，作者一般较少使用具有明显褒义或贬义的词语，更多地使用中性词，以求能够客观地表述事实。

新闻语言要准确、贴切，这是由新闻报道的真实性所决定的。新闻语言的使用要注重准确性，不能出现事实错误，也不能进行夸张、虚假的描述，要恰如其分地完成事实的表述。

新闻语言要简洁、精练。首先，要厘清事情的发展经过，明确问题的本质所在，作者只有思路清晰，才能用简练的语言将其表述出来，没有经过缜密的思考，是不可能产生清晰、流畅的新闻语言的。其次，尽可能使用短句，减少形容词、抒情句的使用，避免使用不恰当的比喻或名言警句，不要有多余的、啰唆的语言表述，每个词、每句话都要发挥其功能作用。在语句结构上也要做到简练，少用复杂的句子结构。

新闻语言要朴实，不能使用过于华丽的辞藻。要做到自然、顺畅，具有较强的可信度，只有这样才能获得新闻受众的信任，达到传播的目的。新闻语言还应做到具体实在，对于新闻事实的描述要具体，不能过于抽象。

新闻语言要通俗，要做到深入浅出，浅显易懂。新闻语言是为新闻传播而服务的，它所面对的是广大的读者、观众，因此，要具有一定的通俗性，要易于被大众理解和接受，只有这样才能实现新闻传播的目的。新闻语言的通俗要求从读者、听众、观众的认识水平出发，运用群众熟悉的语言形式，即媒体新闻语言应尽可能使用接近口语的书面语。句子、段落也宜短不宜长。新闻语言还要避免用生僻字和让人费解的词语，并少用专业术语、行业习惯语、方言、古词、外来词等，有必要使用时应做出解释和交代，帮助受众理解语意。

（二）广播电视语言

广播依然是新闻传播的主要渠道之一。广播是听的艺术，因此广播语言应该口语化、形象化、大众化，以实现更好的传播效果。广播语言的特性决定了它必须规范、通俗、简练、优美和亲切。广播媒体的大众传播功能使它承担了示范和推广规范语言的责任。

广播电视媒体的语境特征是快速高效，多符兼容，具体形象，语境多变，转瞬即逝。因此句子要短，通俗易懂，少用代词和关联词，多用语气词，要口语化，避免同音歧义词。

广播电视语言的运用有所不同。播音员和主持人要研究自己所在岗位的语言运用的规律、特点，尽量发挥到极致，这样才能达到好的效果。播音员有自己的风格，也有各自的特点，有亲和力强的，有比较严肃的，有比较大气的，也有很沉稳的。但这些不同的风格都要适应不同的内容的需要。播音是一种再创造，是把文字变成声音，这里就牵涉到怎么变，怎样变好的问题。对主持人来说，创造的空间相对更大。他们可以通过语言、手势、表情等多种方式进行创作，而电台的播音员只能通过声音进行传播。所以对播音员来说，语言能力的要求更高。

广播电视语言传播风格多样化是播音主持艺术实践和理论研究的热点。要就广播电视语言传播风格的内涵、特点和风格多样化的形成进行研究，分析不同历史时期语言传播风格的特点、个人风格形成的相关因素、特点鲜明的典型人物，以揭示语言传播风格形成的规律。同时从有声语言的角度，论述构成语言传播风格的手段、语言传播的样式，对声音形式的功能风格和表现风格进行探索。

播音员和主持人应该运用简洁明快、准确具体、鲜明生动的规范化语言便于更多受众接受信息。主持人引用一些时代流行语来点评新闻，就像新闻的亲历者，又像新闻的评论者，从广大观众的角度思考问题，用平和的语言去理解和阐释新闻事件的影响，收到了很好的效果。有人认为播音员是纯客观性地转述新闻，只是把当时或最近发生的新闻以口头的形式进行描述，不能带有主观性情感。事实上，无论是播音员的播报还是主持人的"说新闻"，都是带有一定的感情色彩的。

近年来不少地方电视台都推出了方言类节目，甚至推出了方言版电视剧。方言节目具有强烈的地域文化亲和力，可以贴近本地群众，使沟通更顺畅。方言节目的主要受众是中老年人，主要内容是民生新闻，并且都是日常生活中容易接触到的服务性资讯。这是节目细分的一个表现，是特色文化的反映。但是方言类节目也有负效应：节目低俗化、创作虚假化、形势趋同化。而且，使用方言主持使传播的范围受到了局限，与全民推广普通话的宗旨相悖。方言沟通了本地人的感情，但同时阻隔了外地人的融入。因此，电视台应该坚持普通话的主导性与开办方言节目的特长性；在普通话节目与方言节目之间寻求平衡。

（三）影视语言

影视语言有其特殊的规律，它不同于小说、散文语言，也不同于广播语言。影视语言包括解说词，人物同期声（画面上出现的人物的同步语言），人物对白、旁白、独白等。影视语言是按照影视的特殊要求灵活运用的，其特点可以归纳为语言的连贯性、口语化、通俗化，声画和谐，简练、概括。在电影中要用日常语言，应用大众语言去表现对话，做到自然、简单、明确。影视艺术是以画面为基础的，所以，影视语言必须简明扼要。省下来的时间、空间都要用画面来表达，让观众在有限的时空里展开遐想。

在影视节目中，如果我们把语言和画面分解开来，往往会造成语言断断续续、跳跃性大、段落之间也不一定有严密的逻辑性等感觉。但如果我们将语言与画面相配合，就可以看出节目整体的不可分割性和严密的逻辑性。这种逻辑性表现在语言和画面不是简单地相加或合成，而是互相渗透，互相融合，相辅相成，相得益彰。在声画组合中，有些时候是以画面为主，有些时候是以声音为主。影视语言的特点和作用主要有：深化和升华主题，将形象的画面用语言表达出来；语言可以抽象概括画面，将具体的画面表现为抽象的概念；语言可以表现不同人物的性格和心态；语言还可以衔接画面，使镜头过渡流畅；语言还可以将一些不必要的画面省略掉。

影视节目面对的观众是多层次的，除了特定的一些影片外，都应该使用通俗语言。如果语言不通俗、费解、难懂，会让观众在观看过程中分心，使听觉上的障碍妨碍到视觉，影响观众对画面的感受和理解，当然也就不能取得良好的视听效果。影视语言源于生活又高于生活，是经过选择、取舍、提炼加工的语言。

影视节目的解说员必须充分理解稿本，对稿本的内容、重点做到心中有数，对一些比较专业的词语必须理解；在读的时候还要抓准主题，确定基调，也就是总的气氛和情调；在配音风格上要表现出爱憎分明，刚柔并济，严谨且生动。台词对白必须符合人物形象的性格，解说要流畅。影视节目中的录音包括对白、解说、旁白、独白、杂音，等等。为了提高录音效果，必须注意解说员的录音技巧以及录音方式。

影视语言更接近人们日常生活中的口语，它不同于书面语，与书面语相比，影视语言更加形象生动，也更加复杂。在影视语言中，不同的语言节奏、语气、语调，甚至是说话的音量、力度都代表着截然不同的话语意义，能够给观众带来不同的心理体验。

字幕也包含在影视语言的范畴之中，它的表现形式更加直观。需要注意的是，电视、电影中的字幕如果出现错误会带来较大的负面影响，因此，相关的制作人员必须重视对影视字幕的校对与管理，尽量避免出现错别字或者歧义表述，要具有较强的责任心，让影视语言充分发挥其应有的正面作用。

第四节 语言符号研究

一、符号

(一) 符号的重要性

人类从远古时代起就努力寻找能帮助他们协同行动的手段，为此人类在发展的早期阶段就想出了交换各种符号的方法。初民最先使用的是手势、表情、含糊不清的叫声等最简单的符号，然后依次出现了口头言语、口语、书面语。由于符号媒质的介入，人类对外界刺激的反应就不再是本能的、被动的，而是积极的、自觉的、主动的。原因在于，符号系统可以使人从已有的情景中解放出来，与现实保持一定的距离，主动地进行思考，延迟做出反应。这样，人就可以不但根据经验和直接需要来生活，而且根据想象与希望来生活。借助于符号系统，转瞬即逝的感觉印象被组织化和条理化，思维中的操作才有依托，才能在操作中渗入以往的经验和对未来的想象。无论从整个人类的文化进化来看，还是从个体的成长来看，能够意识到任何事物不仅是自身而且可以是潜在的符号，符号所代表的是不同于本身的他物含义，确实是一个了不起的进步，也是一件相当困难的事情。人类经过了漫长的岁月才自觉地摆脱了实物性操作的束缚，进展到用符号思维的符号操作。

符号在使人摆脱实物性操作束缚的过程中发挥着强大的认知和交际功能。一方面，人类对客观世界的认知离不开符号，符号是人类认知客观世界的工具，如数学演算过程离不开数学符号的广泛运用；同时也是人类认知客观世界的结果，如语言符号、服装符号、建筑符号等符号系统的创立都是人类认知的卓越成果。另一方面，符号正是为适应人们的交流需要而产生的，人们的交际离不开符号。无论是传递客观信息，还是表达主观情感，人们在编码和解码过程中都必须借助符号工具。

(二) 什么是符号

符号的定义是多种多样的，不同学术背景的学者定义符号时虽关注的角度并不相同，但总体而言大同小异。我们认为，所谓符号，是指对等的共有信息的物质载体。

(三) 符号的特征

符号成其为符号，必然具备四个方面的重要特征。

其一，符号具有物质性。任何符号只有是一种物质符号，它才能作为信息的载体为人所感知，为人的感官所接受。当然，物质符号可以是有声符号，如古战场上的击鼓与鸣金、欢迎国宾时的礼炮、各种有声语言等；物质符号也可以是光学符号，如各种体系的文字、手势语、哑语以及各种书面语言的替代符号（数码、电报、速记、信号、标记、公式等）。

其二，符号具有替代性。任何符号都能传递一种本质上不同于载体本身的信息，代表其他东西，从而使自身得到更充分的展开，否则就没有意义，不成其为符号。这种新的信息，可能是另外的事物或抽象的概念，如用镰刀和锤子表示工农政党力量，用 V 字形代表胜利。这样就可以用符号代替看不见、听不到的事物、思想，从而超越时间、空间的限制，使抽象的概念能以具体事物作为依托。

其三，符号具有约定性，传递一种共有信息。符号是人类彼此之间的一种约定，只有当它为社会所共有时，它才能代表其他事物。至于约定的范围，可以是全人类的，也可以是一个国家或一个民族、一个团体，甚至只限于两个人之间；这种约定的时效，则可以通过继承人、中继人的传递，跨越一个相当漫长的时期。

其四，符号具有对等性。任何符号都由符号形式与符号内容构成，形式与内容之间是"对等"的关系。在这种关系中，形式与内容不是前后相随，而是联合起来，同时呈现给人们。

二、符号学

符号学，一门现代意义上的符号学，它必须具备下面几个条件。

首先，它有一个明确而且独特的研究对象。作为一般符号学，就是研究符号的结构、系统以及指称和意指方式的科学。如果是部门符号学，还需要加上其部门的符号特征。

其次，它有一个确定的学科体系。符号学不只是研究符号，它还必须建立起相应的理论体系，否则就不能称之为"学"，称之为"符号学"。

最后，还需要得到公众的认可。一个"公认"的符号学理论体系，这是符号学学科成熟的标志。

目前的符号学界学派林立，莫衷一是。这也就是说，作为一门现代科学，至今还没有一个公认的学科体系。符号学还不够成熟。但是符号学发展形势良好，跨国性研究的规模日趋扩大。符号学研究正在引起学术界的广泛关注。

三、语言声音符号：语音

语音是指人类通过发音器官发出来的、具有一定意义的用来进行社会交际的声音。人类的语言首先是以语音的形式出现的。世界上有无文字的语言，但没有无语音的语言。语音在语言中是第一位的，起决定性的作用。

语音即语言的声音，是语言符号系统的载体。它由人的发音器官发出，负载着一定的语言意义。语言依靠语音实现它的社会功能。语言是音义结合的符号系统，语言的声音和语言的意义是紧密联系着的，因此，语音与一般的声音有本质的区别。语音是人类发音器官发出的具有区别意义功能的声音，语音是最直接地记录思维活动的符号体系，是语言交际工具的声音形式。语音和语义的联系是人们在长期的语言实践中约定的，这种音义的结合关系体现了语音有重要的社会属性。

人的发音器官及其活动情况是语音的生理基础。人的发音器官包括三个部分：（1）呼吸器官，包括肺、气管和支气管。肺是呼吸器官的中心，是产生语音动力的基础。（2）喉头和声带，它们是发音的震颤体。（3）口腔、咽腔、鼻腔，它们都是发音的共鸣器。

声音都是由物体的振动形成的。物体振动，振荡它周围的空气，形成音波，音波扩散，刺激到人的听觉神经，人就听到了声音。任何声音都是由音高、音强、音长、音色四种要素组成的，语音也是如此。

四、语言构件符号：词汇

词汇（vocabulary）又称语汇，是一种语言里所有的（或特定范围的）词和固定短语的总和。例如，汉语词汇、英语词汇或一般词汇、基本词汇、方言词汇等；还可以指某一个人或某一作品所用的词和固定短语的总和，如"鲁迅的词汇"。词汇是词的集合体，词汇和词的关系是集体与个体的关系。词汇是语言的建筑材料，由词和熟语组成。词汇的核心部分是基本词汇。词汇的发展包括旧词的消失、新词的产生和词义的演变。经过新陈代谢，词汇体系越来越丰富。

词（word）是由一个或几个语素构成的。构成语素分两种：一种叫词根，是意义实在、在合成词内位置不固定的不成词语素和成词语素；另一种叫词缀，是意义不实在、在合成词内位置固定在前或在后的不成词语素。例如，"桌子"中的"桌"是词根语素，"子"是词缀语素。只有一个语素构成的词叫单纯词。由两个或两个以上的词素构成的词，叫合成词。单纯词包括联绵词、叠音词和音译的外来词。合成词有复合式、附加式、重叠式三种构词方式。语素是语言中最小的音义结合体。例如，"书"是一个语素，它的语音形式是"shu"，它的意义是"成本的著作"；"马虎"也是一个语素，它的语音形式是"mahu"，意义是"不认真"。它们都是最小的音义结合体，再不能分解成更小的有意义单位。

有些词语音义相近，容易产生混淆，要注意区分。比如，"沟通"本指开沟以使两水相通，后用以泛指使两方相通连，也指疏通彼此的意见，而"勾通"的意思是暗中串通，明显带有贬义。学习外语时，我们要注意近义词的辨析，以便正确地理解与应用。

短语是词和词的语法组合，它和词都表示一定的意义，也是造句成分，可以单用，但短语不是最小的能够独立运用的单位。它是可以分离的，中间往往能插入别的造句成分，而词是不能分离的，分离之后就不表示原来的意义了。

固定短语是词跟词的固定组合，一般不能任意增减、改换其中的词语。与之相对应的是自由短语，自由短语是词跟词按表达需要的临时组合，自由短语即一般的短语。固定短语又可分为专名和熟语两类。

略语是语言中经过压缩和省略的词语。为了方便，人们常把形式较长的名称或习用的短语化短称为略语，它可分为简称和数字略语。简称是较复杂的名称的简化形式，与全称相对而言。简称本来是全称的临时替代，在正式场合往往要用全称。但是有些简称经长期使用，形式和内容都固定化了，便转化为一般的词，全称反而很少使用了。

五、语言符号的使用环境：语境

语言是一种社会现象，语言运用离不开一定的语境。学习语言，不仅要了解语音、词汇、语法等有关知识，尽可能多地掌握字词的读音和意义，还要善于依据语境准确理解语言，在特定的语境中恰当使用语言。

语境（context）指言语环境，它包括语言因素，也包括非语言因素。上下文、时间、空间、情景、对象、话语前提等与语词使用有关的都是语境因素。语境的主要功能是对语言的制约作用。一切语言的应用和言语的交际总是限定在一定的语境范围之内，因此，语境对语言的语义、词语、结构形式以及语言风格等方面都会产生影响和制约作用。要正确理解一个句子的全部意义，单单了解句子内部各词的组合意义是不够的。因为对句子结构本身的理解只是表层意义，是第一步；要想理解句子的全部意义还必须进一步理解句子本身外的潜在语义，也就是深层意义。一个句子给予的全部意义，往往是由句子本身及其潜在信息共同提供的。而句子的潜在信息的两个主要来源则是句子的上下文和背景知识。

语言环境主要指语言活动赖以进行的时间、场合、地点等因素，也包括表达、领会的前言后语和上下文。语言运用包括听、说、读、写四个方面。从交际过程来说，听、读是理解语言的过程，主要是接收信息；说、写是语言表达的过程，主要是发送信息。理解和表达虽属于交际过程的不同阶段，但都受制于语言环境。

语言是用来交际的，交际的时间、地点、对象、场合、话题等都会对语言的使用产生影响。语境对语言的理解和表达影响很大。同样一句话，在这个场合由这个人说出，与在另外一个场合由同一个人说出，表达的意思可能不同。同样一个意思，在这个场合对这个对象说，与同样在这个场合对另外一个对象说，使用的语言也可能不同。一般来说，在口语交际中，有了狭义的语境，再加上谈话时的一些辅助性的非语言手段，如表情、手势、态度、语调等，要达到相互理解并不难。但是把语言写到书面上就不同了，孤立的一句话往往很难理解，这就要依靠狭义的现实语境来理解。广义的语境对语言的理解和表达也有较大的影响。比如，一个人说话粗声粗气，可能有以下情况：（1）对对方有意见；（2）刚刚生过气，心情还没有平复下来；（3）性格、语言习惯就是这样。是何种意思需要根据广义的语言环境去理解。

语言的运用要得体，就是指语言的运用要注意适应各种情境条件，即符合语境的各种条件和要求，注意掌握语言使用的分寸，与语言环境保持和谐一致，恰如其分，要分清场合，注意对象，分清目的，注意文体。语境的基本特征是整体性、关联性、可分性、可造性、动态性。语境分为内部语境和外部语境。内部语境主要指上下文，如文体、句式、语言间的搭配和使用习惯等。外部语境指言语交际时的各种语境条件。例如，说话的目的、场合以及需要表达的方式；发话者的身份、职业、处境；受话者的年龄、性别、经历、思想性格、爱好、文化水平、心理需求、职业处境等。

语境对语言的运用有两种作用：一是限制作用，二是补充作用。语境对语言运用的限制作用，首先表现在对词语的理解和选用上。同样一个词语在不同的语境中，表达的意思可能不同，这时就要依据具体的语境做出准确的理解。语境对句子的组织也有限制作用。比如，同样一个意思，既可以组织成主动句，也可以组织成被动句，组织的标准就是语境——由语境决定组织成哪种句子效果最好。语境对语言运用的限制作用，还表现在对段到篇的理解和安排上。

语境对语言表达的补充作用主要表现在两个方面：一是充分利用特定语

境，当省则省；二是表达语境临时赋予的意义或言外之意。具体来说，主要表现在对语言的深层含义和言外之意的理解上。一个句子表达的可能只是很简单的字面上的意义，也可能是语境所赋予的一种深层的含义，还有可能是一种言外之意。字面意义的理解比较容易，只要弄懂每个词的意义以及词与词组合起来的意义就可以了。语言的深层含义和言外之意则必须结合具体的语境，透过字面所表达的意义去深入理解。

第八章 跨学科研究

应用语言学具有跨学科的性质，是一门多边缘的跨学科的综合性学科。应用语言学要千方百计寻找适当的跟其他学科的结合点，充分发挥多边缘、跨学科、综合性的特点，只有这样，应用语言学才能不断发展和壮大。本章就论述了应用语言学中的跨学科研究问题，主要从心理语言学、神经语言学与生态语言学具体展开。

第一节 心理语言学

一、什么是心理语言学

心理语言学是研究人们学习语言和使用语言心理过程的学科，是用实验的方法来探讨语言行为规律的学科。其研究目的是试图解决人类是如何获得、理解、学习、生成、运用语言等问题。

二、心理语言学的研究对象与研究任务

(一) 心理语言学的研究对象

两千多年来，哲学家和语言学家们对语言做过许多研究，但是他们的研究主要集中在语言的结构和功能上。不少人认为，语言之所以有结构，是因为人类语言受到一定思维规则的支配。因此，一旦发现了语言的真正结构和功能，也就可以发现普遍的思维规律，而人们怎样说和怎样理解话语的问题也能迎刃而解了。但随着语言研究的深入，人们逐渐认识到如果抛开心理活动的过程而单单研究语言的结构和功能，还不足以揭示语言的真实面貌。于是以言语的心

理过程为研究对象的心理语言学便应运而生。

心理语言学主要研究人理解、学习和使用语言的心理过程、心理机制及其发展规律。这里涉及两个概念：语言和言语。语言（language）是人类用来表达意思、交流思想、传递知识经验和表达情感的重要交际工具。语言以语音或字形为人所感知，语言的词汇标示着一定的事物，语言的语法规则反映着人类思维的逻辑规律。在这个意义上，语言是一个系统。对此，心理语言学研究个体是如何掌握和使用语言这一活动过程及其生理机制的。言语（speech）是人运用语言材料和语言规则通过口头说出、文字书写或思考的活动。言语是一种心理现象，它具有个体性和多变性的重要特点。言语活动是人类普遍的交际形式，人与人之间的思想交流、信息的传递一般是通过言语进行的。在这个意义上，言语是一种心理现象，心理语言学主要是探讨人在交际活动中，作为个体的言语是怎样产生的，又是怎样感知和理解其他个体的言语活动，以及言语活动对其他心理活动的影响等。

心理语言学的具体研究对象有：语言的感知、理解、生成，语言的获得、处理，语言的缺失，语言与认知，语言与大脑，语言与情绪、个性的关系，语言习得，语言教育等。在第一语言习得阶段，通常1~2岁的儿童会从前语言阶段过渡到独词阶段和双词阶段。在这段时间，当简单的独词句或双词句无法满足所见到的越来越多的事物时，儿童会通过事物之间的相似性，对所指过分扩展或扩展不足。

心理语言学对于人们如何获得语言的问题还存在着分歧：有学者认为，儿童的语言主要是通过学习、强化以及对上下文概括等途径获得的，并理解和使用它；另一些学者认为，人具有一种先天的理解和派生语言的能力及生理心理机能，儿童对语言的获得、理解和使用主要是由先天因素决定的。

（二）心理语言学的研究任务

心理语言学的主要研究任务是解决以下三个方面的问题。

1. 言语的产生

人们用言语表达思想的过程，也就是说话的人怎样把想表达的思想变成实际话语的心理过程。

2. 言语的理解

人们理解话语的心理过程，即听（读）者怎么样把话语还原成对方企图表达的思想的心理过程。

3. 儿童的语言获得

儿童是怎样理解和产生母语的，它的过程和机制是什么。

三、心理语言学发展

(一) 心理语言学的发展阶段

心理语言学的发展大致经历了三个阶段：早期研究时期、重大突破时期和跨学科发展时期。

1. 早期研究时期

儿童语言习得和儿童心理是这一时期的重要研究内容。库斯谟（kussmaul）1859年发表《新生儿心理生活的研究》一书，这是对较多婴儿进行观察实验以后统计整理的结果，在当时看来，是一种具有新的特点的研究。如他用糖水、盐水、奎宁水等分别放在新生儿口中，观察他们的反应。1954年，《心理语言学：理论和研究问题的概观》问世，成了心理语言学的宪章。

2. 重大突破时期

20世纪六七十年代是心理语言学取得重大突破的一个时期。1957年哲学家和语言学家乔姆斯基发表了《句法结构》，提出了转换生成理论，随后深刻批评了行为主义。语言理论应该解释人们对自己语言的隐含的知识，他注重讨论语言中的创造性。儿童的大脑里有一种天生的"语言习得机制"，不是靠"刺激—反应"来掌握语言规则。语言系统的规则和表征与认知系统的规则和标准是不同的，是相互独立的。

3. 跨学科发展时期

20世纪80年代以后，心理语言学研究重点从表面结构和言语行为转移到底层结构和认知结构。并且受到认知心理学，特别是人工智能的影响。人工智能对心理语言学最重要的影响是关于语言理解和知识表征的研究，语言理论、语法规则和语法分析再度受到重视，句法结构也重新引起人们的兴趣。

进入21世纪之后，随着科技的不断发展，心理语言学的研究也更加深入，一批新的研究成果不断涌现出来。

(二) 心理语言学的完善与发展

心理语言学学科发展到现在，其研究工作无论从深度还是广度上讲，都大大向前推进了。但目前的研究大都仍是基于美国心理语言学家以英语为研究客体所做的工作，超出美国心理语言学研究框架的研究尚不明显。

心理语言学作为实验语言学，也有其先天的不足之处：不可能全面记录和分析影响实验或观察结果的因素；对实验或观察的设计和结果经常有不同的解释，主观性因素不可避免；研究比较零散，没有为大家公认的理论基础和框架；等等。语言心理过程大部分是无意识或潜意识的，至今仍没有功能足够的机器能够分析人脑的功能运作。所有这些都使得心理语言学的发展步履维艰。有待后来的学者更深入地探索，更进一步地完善和发展。

第一，在心理语言学的各个研究方向，需要一个大家公认的理论基础和框架，来解释人类大脑的语言机制及运作。

第二，心理语言学与认知科学互相促进。心理语言学既融合于语言学与心理学，又有别于语言学和心理学。它不断吸收来自认知科学其他领域的新信息，从而为自身增添新的视角和见解。认知科学与心理语言学开始的年代相近。认知科学研究的是认知的各个方面，而最基本的是人类的智能系统和它的性质；它之所以作为一门新兴学科而崛起，是由于人们在使用计算机模拟人类智能时，越来越感到需要透彻地理解人类知识的心理表征。而心理语言学从认知的角度，使用实验的方法，通过进一步深化对人的思维和心智的探索，并促进多学科知识的整合，才能期待本学科研究有重大突破。作为认知科学一个组成部分的心理语言学研究，将随着认知心理学和认知科学的其他相邻学科的发展而打开新的局面。这两门科学的合流，是大势所趋。

第三，心理语言学领域的跨语言研究将进一步深入。在语言学中，跨语言的研究极为常见。单一语言的研究具有局限性，有必要用跨语言研究来检验假说。虽然心理语言学的研究重点在于普遍的语言处理，而不是个别语言；然而，跨语言研究对心理语言学也提供了很多帮助。比如，跨语言的研究比仅就一种语言进行某种问题研究更能确切地说明语言习得的基本过程。只要心理语言学仍是一门有生命力的科学，跨语言研究就会大有用武之地。

第四，随着全球化的进展，心理语言学对文化差异越来越感兴趣。人们是如何学会不同的文化？不同的文化又怎样影响人的语言理解呢？对萨丕尔-沃夫假说的争论重新兴起：不同语言结构的差异是否可以导致讲不同语言的人的认知能力和认知过程各有所异。除了实验和观察之外，心理语言学还可以采用人工智能的方法。

至今，计算机对自然语言的处理还只停留在数据的统计和检索、语料库、辅助教学、语音识别与合成、文字自动识别等。在与心理语言学相关的领域，希望能在计算机模拟方面取得更多成果，以不断深入了解发生在人大脑这个"黑盒子"中的各种心理过程。我们相信，心理语言学研究在不久的将来会结出更丰硕的果实。

四、心理语言学的主要流派

(一) 机械主义"强化论"和"传递论"

心理语言学在其诞生初期,所依据的是以布龙菲尔德(Leonard Bloomfield)和斯金纳(Skinner)为代表的"强化论"或"刺激—反应论"。他们用"刺激—反应"的程度来研究人的行为,把人的言语行为看作对外界刺激所产生的一种有组织的反应体系,认为人的言语行为不是先天就有的,而是后天习得的。儿童学话无非对环境或成人的话语做出合适的反应。对于正确的反应,成人就会给予鼓励,把它强化下来,由此形成语言习惯。在布龙菲尔德看来,语言是一种训练和习惯。斯金纳主张用操作性条件反射的原则来说明人的言语行为,特别强调"强化"在言语行为中的作用,认为强化是语言学习的必要条件,也是使成人的语言反应得以继续发展的必要条件。言语行为的习得和保持都靠"强化"。儿童学话就是通过模仿,不断对外界环境的刺激做出反应(模仿),并对这些反应加以反复的强化,不断巩固而形成语言习惯。

总之,从"刺激—反应论"的观点来看,在语言习得的过程中,环境的影响和经验起决定的作用,人只不过是被动的、消极的有机物,心理过程只是经验决定行为的副产品。这种理论否定了人类与动物质的差别,忽视了人的言语行为中的心理因素,对语言习得的解释有许多漏洞。在"刺激—反应论"的基础上发展起来,并企图弥补其不足的奥斯古德(C. Osgood)提出的"传递论",在刺激与反应之间,加入了传递性反应与传递性刺激这样的内在环节,认为反应不仅有外在的、显露的反应,还有内在的、隐含的反应。这种内在的反应又可称为"内在的刺激",引起新的反应。"传递论"企图克服机械主义的缺陷,但它并没有放弃"刺激—反应"的基本模式,在本质上并没有脱离机械主义。

(二) "内在论"和认知心理学

20世纪50年代末,美国语言学家乔姆斯基的《句法结构》一书出版,他的转换生成语法理论的出现对心理语言学的研究产生了很大的影响。

乔姆斯基认为,语言是人类独有的,人类具有一种天生的语言能力。儿童生下来就有一种适宜于学习语言的独有的"语言习得机制"。乔姆斯基的"内在论"认为,语言是一种以规则为基础的复杂系统。虽然儿童讲不出这些规则是什么,但他们学习语言就必须把这些规则"内在"化。在这一点上,"刺激—反应论"认为语言不外乎是一些习惯的总和,"内在论"则认为语言习得机制是一种特殊的学习语言的机制，独立于人的其他功能，甚至和智力发展都没有直接联系："内在"化的语言规则是理解和产生语言的先决条件。学习主要是把细节充实到天生的结构中，强调世界语言的共性，并认为深层结构是所有语言共有的，而把深层结构转化为表层结构的转换规则却是每一种语言各不相同的。乔姆斯基主张把语言学当作认知心理学的一个分支，对说某种语言的人的创造性的语言能力做出理想化的描写，并强调转换生成语法理论对于探究人类心理结构和素质的重要性。

乔姆斯基的这种语言习得机制"天赋论"或"语言能力天赋论"深深地打上了唯心主义的烙印。他站在唯理论的立场上反对新行为主义的机械论，因此在认识论上带有很大的片面性和局限性。

"刺激—反应论"与"内在论"针锋相对，在两派的争论中出现了另一种新的观点，认为儿童的语言发展是天生的能力与客观的经验相互作用的结果，称为"相互作用论"。相互作用论以瑞士儿童心理学家皮亚杰的"认知论"为理论依据。皮亚杰认为，学习的中心环节包括"同化"与"适应"，儿童生下来只有一套非常有限的行为形式，但他仍然企图运用它来向环境学习，摄取对他有用的东西，这就是"同化"；在同化过程中，由于环境的作用，儿童要改变他的行为，这就是"适应"。儿童习得语言的过程也有同化和适应的现象，他们总是运用熟悉的结构去创造新的用法。皮亚杰认为，语言能力的发展不能先于认识能力的发展，儿童要模仿成人的说话是以他本身的认识能力发展为立足点的，不是任何刺激都能引起反应。

皮亚杰的学说虽然不是一种自成体系的语言习得理论，但它对于心理语言学的研究有一定启发意义。

第二节　神经语言学

一、神经语言学的定义

神经语言学是从心理语言学中发展出来的一门独立学科，是综合脑科学、行为科学、临床学各学科的成果，研究人的言语行为和大脑神经关系的学科，专门研究语言与人的大脑神经之间的相互关系，研究言语活动时的人脑神经功能。

二、神经语言学的研究对象

神经语言学是一门新兴的边缘学科，是语言学、神经科学和心理学相互交叉、相互促进而形成的。但它不是三者的简单相加，而是用神经科学的方法研究语言习得、语言掌握、言语交际、言语生成、言语理解的神经机制和心理机制，研究正常言语的神经生理机制和言语障碍的神经病理机制，研究人脑如何接收、存储、加工和提取言语信息。作为一门边缘学科，神经语言学可从两个角度进行研究：一个角度立足于语言理论，根据语言学的研究成果，对言语活动的神经机制提出假设，再用神经科学的方法加以验证；另一个角度立足于临床实践，根据医学和神经科学对言语活动现象的观察材料提出假设，在语言学理论指导下得出实验结论。神经语言学的研究使现代语言学建立在客观观察和实验的基础上，使语言学这门最接近自然科学的社会科学获得了更坚实的自然科学基础。无论从哪个角度研究，神经语言学的研究范畴必定涉及两个方面：人类大脑构造的语言功能和人类语言活动的神经机制。

（一）人类大脑构造的语言功能

神经语言学的研究对象是人类神经系统与人类语言、言语之间的关系，而在神经系统中，同言语关系最为密切的是大脑，言语的神经机制主要是脑机制。因此，神经语言学首先必须充分利用医学和神经科学的研究成果，揭示与人类语言活动相关的大脑功能和机制。研究范畴包括：中枢神经系统的解剖生理（大脑、脑干、小脑、脑的血液供应），脑言语中枢（脑言语中枢的言语功能、各言语区之间的神经连接、大脑皮层下的言语区、言语在脑中的传递），大脑两半球的言语功能差异（言语优势半球的定侧法、两半球言语功能的性别差异、两半球言语功能的协同、两半球言语机制的发育），脑叶和外周神经与言语活动的关系（额叶和言语活动的关系、颞叶和言语活动的关系、顶叶和言语活动的关系、枕叶和言语活动的关系），条件反射学说与第二信号系统（非条件反射和条件反射、两个信号系统及其相互关系、第二信号系统与联想）等。

（二）人类语言活动的神经机制

神经语言学更主要的任务是揭示人们语言活动的神经机制。通过对神经系统与语言、言语关系的研究，可探索人类语言和意识的起源，以及语言与思维的关系。在此基础上通过言语过程的神经心理分析，发现人们语言习得、语言掌握、言语交际、言语生成、言语理解的神经机制，探索人脑如何接收、存储、加工和提取言语信息。当前神经语言学在这方面的研究主要涉及以下一些范畴。

1. 语言掌握的神经机制分析

在掌握语言神经机制时，必须要注意这样一个问题，本族语的神经机制与外语的神经机制在存在某种联系的基础上还存在显著的差异。因此，在具体剖析这一问题时，要将本族语的神经机制与外语的神经机制进行分开分析与解读。

2. 言语交际的神经机制分析

人类在交际过程中会产生两种语言行为，一个是宏观语言行为，另一个是微观语言行为，前者是在社会具体交际中产生的，而后者则是在人类言语中枢的神经活动中产生的，虽然二者产生的场所、条件不同，但是二者依然联系密切。人类的内部语言与外部语言虽然存在差异，但是前者是可以转化为后者的，当内部语言转变成外部语言之时，现实世界中的交际就实现了，且在交际的过程中会产生一定的神经心理机制。

3. 言语生成的神经机制分析

从本质上来看，人们的言语生成过程就是一个神经心理过程，这一过程经历了三个阶段，分别为表述动机、语义初迹、内部言语到外部言语，从这里其实也可以看出，言语生成过程是非常复杂的。这里需要指出的是，言语生成的每一个环节都与特定的脑部位有关，当大脑的某一个部位产生损伤时，人类言语生成会在两个层面上产生障碍，一个是聚合关系，另一个是组合关系。

4. 言语理解的神经机制分析

言语理解与言语生成过程是完全相反的，交际者首先需要感知另一方的外部言语，然后再经历必要的心理过程与分析，从而理解另一方想要表达的意思。通常情况下，言语理解过程包括三个环节，分别为语音感知和词汇识别的神经机制，确定语法关系与建立语义图式的神经机制，推导内在含义的神经机制。

5. 言语障碍的神经机制分析

言语障碍是指人在口语、书面语、手势语等的表达或理解中发生的异常或出现的缺陷。大脑的损伤往往会引起神经机制的病变，其中不少会导致言语障碍。言语障碍大致可分为两种：一种是失语症，即言语表达和言语理解中发生的异常现象，这往往是大脑皮层病变所致；另一种是构音困难，即大脑中生成的内部语言无法转变为有声的外部语言。

6. 有关语言和言语的其他神经机制分析

这些神经心理活动包括：言语调节的神经机制，认读词与书写词的神经机制，对物体命名的学习能力的神经机制，使用不同语言者言语活动的神经机制，言语活动神经机制的个体差异。

神经语言学还研究个体或群体的语言、言语的神经机制。比如，个体发育中的脑言语中枢的状态和变化，不同性别、年龄的个体言语能力差异及其神经基础。又如，研究不同语言的使用者和操双语者的神经特点等。神经语言学作为语言学的边缘学科，其研究必然要运用理论语言学的成果。比如，根据音位、词素、词、词组、熟语、句子、聚合关系、组合关系等概念研究它们的生成过程和理解过程的神经机制，研究它们在脑中的静态功能定位和动态联系过程等。

三、神经语言学的研究方法

神经语言学是从心理语言学中分化出来的，事实上在心理语言学的发展过程中，已经采用了神经科学提供的方法，正是这些方法的采用，加快了神经语言学的形成。当代神经语言学采用的研究方法主要有病理学实验方法、脑电图描记法、大脑半球言语功能测试法等几种。

（一）病理学实验方法

研究实际言语过程及其脑机制的两种方法包括发生学实验方法和病理学实验方法，它们至今仍是神经语言学常用的方法。其中病理学实验方法，即从神经心理学角度分析脑损伤患者的言语状况，对研究言语神经机制更有成效。比如，脑损伤患者的言语结构遭到破坏，脑病变的部位与言语组成部分的破坏有联系，所以，通过脑损伤区域的分析比较就可以了解言语生成过程及其神经心理机制。具体做法是：观察患者自发性言语，看他如何提出问题，如何表达请求和愿望；分析患者的对话，看他如何回答问题，如何与别人交谈；研究患者选择语言单位和组织话语过程的障碍，注意话语冗余、重复和错漏现象；观察患者按命题谈话的能力等。通过这些观察和分析，了解患者言语生成的障碍和言语生成过程的神经机制。

（二）脑电图描记法

科学技术的发展使神经语言学有采用新方法的可能性。在一些新方法中，脑电图描记法对神经语言学的研究起了一定的作用。脑电图描记法是把记录电极固定在头皮上，通过颅骨记录脑部的电位变化。电极一般放在跟各脑区相对应的头皮上，将一对电极之间的电位差变化连续地记录在脑电图记录纸上，这样就能得到各类脑电图波形。不同的脑电图波形往往跟不同的功能状态相联系。脑波形主要依据频率快慢分类，每秒 0.5~3 次为 6 波，4~7 次为 e 波，8~13 次为 a 波，14 次以上为 p 波。一般说来，频率与波幅成反比，频率慢的波幅较大，频率快的波幅较小。近年来，由于采用电子计算机辅助分析脑电波，对言语脑机制的研究获得了一些进展。脑电图证实，人脑左半球言语中枢在言语活动时有特殊的电位变化。当被试者重复说出一个词之前，就产生特定的脑波形；当被试者一想到这个词，也会出现同样的特殊波形。这为根据脑波形辨认词语提供了可能性。近年来，神经语言学研究者又从描记一般脑电位发展到描记脑的诱发电位。人的感觉传入系统受到特殊刺激时，在中枢神经系统会诱发特殊电位。这种诱发的电位也可以说明某种功能的神经机制。在神经语言学研究中，可用词语为刺激，诱发大脑的电位，并根据电位波形判定词语所作用的部位和反应形式。

（三）大脑半球言语功能测试法

除了脑电波描记方法外，还有测试大脑半球言语功能的方法。比如，把一侧脑半球麻醉，研究另一侧脑半球的言语功能；用速视仪器向人的半侧视野出示词语，研究言语视觉的脑功能；给人的两耳分别提供有声语言信息，研究大脑两半球言语听觉功能；切断大脑两半球之间的胼胝体，研究裂脑人两半球的言语功能等。另外，用弱电流刺激大脑皮层也有助于确定言语的功能定位。近年来，科学家采用正电子放射横断面层析 X 射线摄影机，直接观察活人大脑处理语言信息的情况，使神经语言学探索大脑言语机制的手段更趋现代化。

第三节 生态语言学

一、对生态与生态系统的理解

（一）生态的本质与含义

"生态"，通常指生物的生活状态。生态一词源于古希腊字，意思是指家或者我们的环境。简单地说，生态就是指一切生物的生存状态，以及它们之间和它与环境之间环环相扣的关系。生态的产生最早也是从研究生物个体而开始的，"生态"一词涉及的范畴也越来越广，人们常常用"生态"来定义许多美好的事物，如健康的、美的、和谐等事物均可冠以"生态"修饰。

"生态"还可以被理解为生物与环境间的相互关系，这里的生物包括动物、植物、微生物及人类本身，即不同的生物系统，而"环境"则指生物生活中的无机因素。自然界中的所有生物，无论是动物、植物还是微生物，都生活在一定的环境中，并与环境发生着各种各样紧密的联系和作用。一方面，环境为生物提供必要的生活条件，如阳光、水分、空气、养料以及栖息场所等；另一方面，生物的活动也在时刻不停地影响和改变着周围的环境。这样，生物就和周围环境形成一个不可分割的有机整体。这种生物和环境之间的各种因素联系和相互作用的关系就叫"生态"。

（二）生态系统

1. 生态系统的概念

生态系统（ecosystem），是指在一定空间中共同栖居着的所有生物（生物群落）与其环境之间由于不断地进行物质循环和能量流动过程而形成的统一整体。例如，森林、草原、荒漠、湿地、海洋、湖泊、河流等都是生态系统，但是，它们在外貌和生物组成上各有其特点，在生物和非生物的相互作用、物质循环、能量流动等方面都有不同。生态系统是主要的功能单位。

近年来，生态系统研究已经成为生态学研究的主流，与人类社会的持续发展有着密切关系。地球上大部分自然生态系统具有维持稳定、持久、物种间协调共存等方面的特点，这是长期进化的结果。然而，人类赖以生存的地球环境已经受到严重威胁，温室效应、臭氧层破坏、酸雨、全球性气候变化等问题已经严重影响了地球这个生命维持系统的持续存在。因此，探索建立持续性生态系统的机理，是研究生态系统规律的主要目的。同时，生态系统的概念和原理，已经为许多学科和许多实践领域所接受。

2. 生态系统的特点

尽管生态系统形式多样，大小相差极大，但却都具有以下几个方面的共同特性。

（1）是生态学上的一个主要结构和功能单位。

（2）生态系统内部具有自我调节能力，生态系统结构越复杂、物种数目越多、自我调节能力就越强，但是，自我调节有一个限度，超过这个限度，生态系统就很难自我调节到原来的平衡点。

（3）能量流动、物质循环、信息传递是生态系统的三大功能，能量流动（energy flow）是单方向的；物质循环（material cycle）是循环式的；信息传递（information transfer）则包括营养信息、化学信息、物理信息、行为信息等多方面信息，构成了信息网。

(4) 生态系统中营养级的数目受限于生产者固定的最大能量值和这些能量在流动过程中的巨大损失，因此，生态系统中的营养级数目不会超过5~6个。

(5) 生态系统是一个动态系统，要经历一个从简单到复杂、从不成熟至成熟的发育过程，其早期和晚期阶段具有不同的特性。

二、生态学视域中的语言研究的特点

（一）生态学是整体性的

根基于经验自然科学的启蒙思维要求在学习中采取一种原子本体论的方法，即把所学的东西分割成非常小的部分加以识记，这种方法尽管在自然科学及其他方面曾创造出许多骄人的成就，但只能帮助我们认识到事物孤立部分的局部特点。但是生态思维更多考虑的是复杂的整体及其系统性、复杂性、多样性及事物之间的相互关系而非孤立的个体。因此，原子论的发现应该由整体论的观点来加以补充而后才能完整。索绪尔的语言学一是让语言研究脱离了语境，二是把研究的重点放在了构成语言的成分（音素、词素、义素等）及使用它们的规则方面；而生态学的观点则把语言看成社团、文化及交流活动的一部分，这样，那些管制语言成分的规则就被多样、变异及整体性的人类互动原则替代了。

（二）生态学是动态的

自然科学的思维方法把自然比喻成一架机器，功能明确的零件按既定的程序不停地运转着；生态学则把物体的构成成分看成稍纵即逝、相互界定、自成一体的东西。就语言学而论，传统的观念认为，说话者按照特殊的语法规则说出一句话语以表达某个意思；而在现实的会话中一句话语的实现是由许多因素决定的：参与者的物理环境、相互间的了解、语言以外的相关因素、交流的意向性等。因此，说话的过程是一个抉择的过程：我们说话时可以创造新词、"误用"旧词、打破句法习惯、利用非语言因素等。

（三）生态学是互动的

从生态学的观点看，环境决定了一个生物体的本质：拓展的或是简单的，一次性的或是反复性的，自发的或是必需的，敌对的或是友好的，孤立的或是共同的。人类的语言如果没有人际交流就不可能演变得如此复杂。从表面来看话语过程是一个词汇、句法和形态规则组合成合法句子的过程，而实际上互动才是语言发展和使用的本质,所以话语过程不仅要依赖于字词这些形式结构,更重要的是要看它们与交际现场的互动关系——如目光交流、面部表情、姿态、手势等,当然也包括参与者的领悟能力、相互之间的理解程度及自然、社会及文化环境等。

(四) 生态是处境性的

处境性意味着一个生物体必须有其存在的处所,而且这个处所不仅仅是指物理意义上的。就语言而言,语言的意义是由其所在的语境(语言语境和情景语境)所决定的,没有语境的语言就像一个人只有灵魂而没有躯体一样。这正如环境小说中的主人公一样,其价值是由其环境描写决定的,缺少或改变了相关的环境,该主人公的价值就会改变甚至不复存在。

三、界定生态语言学

生态语言学,又称语言生态学,是由生态科学和语言学相结合而形成的语言研究领域。生态语言学着眼于语言生态和语言与环境的相互作用,体现了将语言系统复归于自然生态系统的认识观。它的产生既是建立人类与自然新型关系的需要,也是语言学价值的自我完善。

总之,生态语言学把语言视为生态系统不可分割的组成部分,主张从语言与外部环境的相互依存和作用关系出发分析研究语言。而语言系统本身也是一个开放的生态系统,它与生态系统具有类似的同构关系。

四、生态语言学的发展

(一) 发展阶段梳理

1. 萌芽阶段 (1970 年以前)

生态思想的萌芽可追溯至达尔文 1859 年《物种起源》(*The Origin of Species*) 一书的问世。达尔文的科学进化论思想是人类科学史上具有划时代意义的突破,其影响触及人类生活与研究的方方面面,如 1866 年德国生物学家恩斯特·海克尔 (Ernst Haeckel) 首次提出"生态学"(Ecology) 概念。"生态学"概念的提出,为其后生态语言学的诞生做了理论上的准备。

事实上,这一时期,一大批的语言学家如洪堡特 (Wilhelm von Humboldt)、施莱歇尔 (August Schleicher)、萨丕尔 (Edward Sapir)、沃尔夫 (Benjamin Whorf)、克罗伯 (A. L. Kroeber)、乔姆斯基、费什曼 (J. Fishman)、

海姆斯（D. Hymes）、特里姆（J. Trim）、沃格林（C. F. Voegelin & F. M. Voegelin）、霍纳（V. M. Horner）等在其著述中对语言与环境，语言接触，语言进化、濒危与消亡，语言与思维，语言与使用者等这些属于语言生态观的问题都有论述，只不过当时并未将其称为生态语言学研究而已。他们的研究为生态语言学学科的出现奠定了坚实的基础。

2. 雏形阶段（1970—1990年）

20世纪70年代，生态语言学初具雏形。首先，美国斯坦福大学教授豪根（Einar Haugen）在奥地利的伯格瓦腾斯坦（Burg Wartenstein）召开的学术会议上做了题为"语言生态学"（On the Ecology of Languages）的报告。其后，他又在论文集《语言生态学》（The Ecology of Language）中进一步系统、完善地论述了语言生态学的理论，这被称为是生态语言学正式诞生的标志。豪根将语言生态学界定为研究任何特定语言与其环境之间的交互作用的关系。语言与其环境之间的交互作用的关系被他比拟为是生物（动植物）物种与其自然生态环境之间的关系。这种隐喻类比的说法，即"豪根模式"，被后来的研究者们广泛接受，成为生态语言学研究的主流范式之一。豪根因而也被称为"语言生态学的先驱"。

很快，"生态语言学"这一术语在20世纪70年代末被萨琴格（K. Salzinger）第一次在出版物中使用。20世纪80年代，德国、丹麦、奥地利等欧洲国家涌现了一大批以"语言生态学"和"生态语言学"为题的专著。

3. 发展阶段（1990年至今）

20世纪90年代肇始，生态语言学进入了大发展时期，生态语言学作为一门独立学科的地位得以确立并巩固，生态语言学真正开始成为语言学的一个分支学科。

1990年，系统功能语言学家韩礼德（M. A. K. Halliday）在希腊塞萨洛尼基（Thessaloniki）举行的第9届国际应用语言学协会上做了题为"意义表达的新方法：对应用语言学的挑战"（New Ways of Meaning：the Challenge to Applied Linguistics）的大会主旨发言，不仅讨论了语言的词汇和语法系统中所体现的"增长主义、等级主义以及物种歧视主义"等，还提醒语言学研究者不要忽视语言对生态环境问题增多的影响。

韩礼德的研究推动了后来更多学者对语言和生态环境问题的关注和研究，生态语言学的另一主流研究范式"韩礼德模式"得以确立。同时，欧美国家生态语言学研究的队伍和研究规模不断壮大；关于生态语言学或语言生态学研究的机构、组织、学术团体、学术会议、网站、专著、刊物、论文集等也逐渐增多；有大学还开设了生态语言学的课程。

21世纪以来,生态语言学在三个方面取得了显著的发展。

第一,生态语言学的研究范围变得更加广泛,此处的范围不仅指其研究内容,而且包括研究团队的地域范围。就研究内容而言,其"隐喻模式"运用"生态"意指语言与社会环境的互动,关注语言多样性与语言规划等话题,强调维持生命的各种生态,为传统的社会语言学话题提供了新的视角;生态语言学的"非隐喻模式"着重用语言解决环境问题,并且21世纪的生态语言学研究不再局限于表面的环境问题,而是关注语言在人类与其他生物之间生命可持续关系中的作用,从而涵盖了影响生命可持续关系的所有问题。另外,生态语言学的"隐喻模式"与"非隐喻模式"主要源自倡导者豪根和韩礼德有关语言维护及使用的新想法,如豪根首次展现了语言的动态维度,韩礼德最先号召语言学家通过研究语言对生态的影响来履行社会责任。

这样一来,21世纪的生态语言学不仅沿袭了生态语言学传统模式的思想,而且体现了"理论、分析与行动"三者一体化的趋势,即三者在生态语言学研究中缺一不可的趋势。就研究团队的地域范围而言,生态语言学已经从原来的美国与欧洲两个主要阵地拓展到全球各地。例如,近几年,生态语言学在亚洲的中国与非洲的尼日利亚得到了快速的发展,主要原因是这两个国家有着富饶的语言资源,气候变化也比较明显。

第二,生态语言学的研究范式与理论建构呈现出多样化的发展趋势。21世纪的生态语言学不仅就其传统研究模式——"隐喻模式"与"非隐喻模式"进行了更深化、更系统、更具体的理论建构研究,而且出现了新的研究范式与理论建构。例如,在"隐喻模式"的理论建构中,乔尔格·克里斯蒂安·邦(Jrgen Christian Bang)与威廉·特兰珀(Wilhelm Trampe)尝试结合"辩证语言学"(dialectical linguistics)和"语言世界系统"理论,建构一个"语言生态理论"(ecological theory)。该理论基于托马斯·库恩(Thomas Kuhn)的"学科模型"(disciplinary matrix),涉及四个核心内容——模型概念(model concepts)、符号统一化(symbolic generalisations)、共同价值观(shared values)、问题解决范例(exemplars for problem solving)。

除了传统模式及相关理论范式以外,近年来,生态语言学领域出现了新的研究范式与相关理论建构,其中已引起学界关注的有"认知模式"(cognitive model)、"生物认知模式"(bio-cognitive model)、"哲学模式"(philosophical model)和"文化外交模式"。其中"认知模式"基于认知科学,提倡将生态语言学发展为"自然化语言科学"(naturalized language science),来建构"统一的生态语言科学"(unified ecological language science)。自然化的语言科学基于"自然化的语言观"(naturalized language view),这种观点既不把语言当作独立于自然的本体现象,也不把语言当作自然形成的附带现象,旨在避免将语言与自然塑造成对立抑或互补的现象,而是把语言与自然当作统一融合的整体。这种自然化的语言观是一种自然化的语言处理方式,它是介于"把语言描述为纯粹的生物学现象与完全忽视生物学来描述语言现象之间的中间方式"。主张"自然化语言科学"的理论模式之一为"延展性生态假设"(extended ecology hypothesis),即通过将价值观与意义融入生态结构来延展人类生态环境。换言之,人类生态环境是充满意识的(sense-saturated),即在特定的社会生态环境中,人类生态状态与符号过程相吻合。因此,人类生态受到了虚拟情况和历史事件的限制,符号过程也不再是单独的领域,换言之,语言不再是表达思想或者交流的工具,而是一种实时的中介性协调,这种协调能让我们达到单个个体无法实现的效果。

第三,生态语言学的研究方法呈现多元化发展趋势。近年来,生态语言学之主要研究方法由定性分析转为定性与定量相结合的方式。此外,生态语言学"隐喻模式"不仅增加了录音、录像等方式来记录、传承和研究语言,而且采用语音多模态数字化方法,如电子声门仪、电子腭位仪、超声仪、电磁发音仪、核磁共振仪等现代仪器,来记录和保存语音等相关信息,服务于语音研究、语音工程、语言服务与语言产品开发等。

(二)生态语言学的发展成熟的动因

生态语言学的发展成熟基于以下动因。

1. 生态文化的深刻影响

人类已进入生态文明时期,生态文明不仅追求经济、社会的进步,而且追求生态进步,它是一种人类与自然协同进化、经济—社会圈协同进化的文明。今天,人们赋予了"生态"概念新的意义,已将生态文化从一般的生物学、生态学、环境学概念提升到人类文明的高度,确立了生态文化在人类文明发展中的普遍意义与基础地位。在生态文化的主导下,"生态经济""生态伦理""网络生态文明"等新概念不断涌现,行为生态学、生态经济学、生态教育学、生态伦理学、生态美学、生态心理学等新的边缘学科相继产生。语言学的每一步发展都与社会主流文化息息相关,显示出蓬勃生机的生态文化也必然对语言学研究带来全新的影响。

2. 学科交融的必然趋势

进入 21 世纪后,科学发展正朝着大综合的方向发展,多学科交融成为科学发展的普遍趋势,各种边缘学科因此相继问世。语言学研究借鉴其他学科的最新成果,就有了观察思考语言现象的新角度、研究语言问题的新领域,并产生了语言学与其他相关学科交融的众多新兴边缘学科，如心理语言学、社会语言学、人类语言学、交际语言学、符号语言学、教学语言学等，而生态语言学就是生态学、语言学的学科内容交融后衍生出的新兴边缘学科。生态语言学的研究把语言现象放在生态文化背景下来认识，研究语言符号系统的生态性质与语言发展的生态规律，讨论生态价值观对言语行为的指导意义，使语言学研究有了新的视角。

五、生态语言学基本观点总结

（一）对于语言本质与语言交际过程的描述

生态语言学认为，语言是一种生态现象，传统语言观所持的语言"工具论"与"社会现象论"均不足以解释语言的本质。

正如动植物都具有生命一样，语言也有它们的生命，即所谓的"语言生命"（life of language），应以科学的生态学观点分析语言生命发展的过程，即从人类与社会和其他环境的交互作用中认识语言的产生、变异、发展和消亡等现象以及语言结构中诸因素的内在联系。基于这一观点，一方面将语言放在整个生态系统中使人们认识了语言的本质；另一方面通过对语言的分析也使人们进一步认识了整个世界的生态系统。同时，由于语言是人们认识生态系统的重要手段，这一手段与人的思维和生活密切联系在一起，它不同于没有生命的榔头或刀具等仅供人类使用的工具，有助于人们形成对世界与宇宙的认识。而传统语言学孤立地分析一种语言内部的结构或仅将不同语言的结构进行对比都不能涉及语言的本质。

他们还批评了从索绪尔到乔姆斯基直至信息时代的语言观在分析语言交际过程中存在的严重不足，即忽视了环境对语言及交际的重大影响。他们都提及，以往语言学学派在描述交际过程时一般认同下述原则：

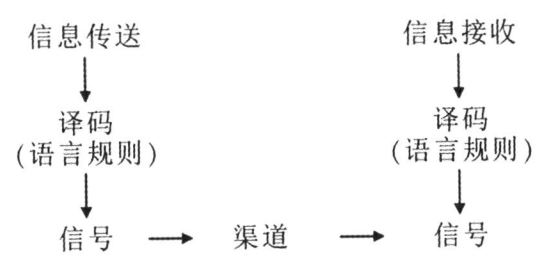

```
信息传送                信息接收
   ↓                      ↓
  译码                    译码
(语言规则)              (语言规则)
   ↓                      ↓
  信号  →  渠道  →      信号
```

以上过程可用于说明一般的机械信息传输，如电话或电子邮件等传送与接收信息的过程就是如此。但当人们在交际时则受到与环境相关因素的影响，如说话人与听话人是在何种具体情况下交谈，两人的背景及谈话涉及与环境相关的内容等。如不考虑这些因素，交际几乎不可能进行，而且交际过程中随时都可能会受到外部环境的影响而发生变化。关于这一点，他们的观点与社会语言学的基本论点一致，只是他们提出的"环境"，其内涵已将社会语言学所指的社会环境拓展至整个生态环境。

（二）对语言多样性与能动性的重视

生态学家通过大量的实地考察与研究，发现全球动植物及与其相关的食物之多样性是十分惊人的。同样地，世界上语言之多也是惊人的。社会语言学的研究表明，所有语言都随着时代与社会的变迁经历过发展或衰落的过程。生态语言学极其重视语言的多样性与能动性，认为这是语言变化与发展的动力。

生态语言学认为，语言的多样性不仅表现在不同国家、社会、社区、社会阶层、年龄与性别等方面的区别，而且体现在不同的语言使用者个体的差异，这是世界上普遍存在的事实。同时，作为生态体系分支的语言，又是一个能动的体系，它在不断变化中发展，并影响这人们的意识与生活，这两方面都是生态语言学研究的中心议题。

生态语言学还认为，维护语言的多样性与促进语言健康发展是保持语言生态平衡乃至整个社会稳定的重要因素。事实证明，一些地区与国家为了强调统一，强行推行一种语言制，扼杀多民族的少数语种，产生了不少社会问题，这是语言规划与制定语言政策时必须认真考虑的。

（三）对语言学习的论述

1. 语言学习具有"流变性"

"流变性"指事物随着时间的推移而变化的特性。语言学习的流变性表现在多个方面，如学习者之前的母语学习模式影响现在外语学习模式，之前的社会经验所形成思维模式影响将来的思维模式，这些因素对外语习得的影响随着学习者的社会经验和心智发展而发生变化。因此，可以推定语言学习者现有的经验和能力对将来的心智能力产生决定性的影响。与其说语言学习是学习者所处的社会文化环境流变的结果，不如说语言学习是学习者的成长经历及语言学习经验的再现及其对语言文化环境的改造过程，即语言习得是学习者语言学习时间和空间多维立体流变的结果。也就是说，语言学习是一个动态过程，语言习得不仅扩大语言知识，而且改变心智结构和思维模式。

2. 学习环境具有"符担性"

"符担性"这一概念是由吉布森（Gibson）提出，可理解为动物与其生存的环境之间关系、可能性、机会或者互动性。自然环境中所有物质的物理属性与环境之间存在着对应关系。当环境中具有这些物理属性时，就能让某类动物借由特定的行为而具有特定的功能。生物能够判断这种功能，并对环境做出适应行为。生态语言家认为，语言与使用该语言的人及周围的物质世界具有生态上的相关性，语言教学应考虑学习者个体及学习环境的差异，即不同学习者在不同的学习环境中对语言符担性的调整和理解。就语言习得而言，学习者所处的语言环境对学习语言这一行为具有"符担性"，为语言习得提供可能性。也就是说，教师和学校应为语言习得提供合适的语言生态环境。

参考文献

[1] 鲍贵. 理解与评价应用语言学实验研究 [M]. 上海：上海交通大学出版社，2019.

[2] 毕晟，尹丽娟. 多维视角下的英语语言学研究 [M]. 成都：四川大学出版社，2019.

[3] 卜友红. 英语语言学及应用语言学研究 [M]. 上海：同济大学出版社，2014.

[4] 蔡建华. 应用语言学概论 [M]. 广州：广东高等教育出版社，2008.

[5] 曹贤文. 应用语言学实证研究方法与量化数据分析——对外汉语教学研究视角 [M]. 北京：世界图书出版公司，2013.

[6] 常林. 神经语言学视角下的第二语言习得解析 [J]. 大连大学学报，2014，35（01）.

[7] 陈昌来. 应用语言学导论 [M]. 北京：商务印书馆，2007.

[8] 陈建平. 应用语言学与我国外语教育 [J]. 外语界，2018（04）.

[9] 陈娟，韩艳，王振红，朱冕，王跃平，李世奎. 英语语言学理论研究与应用 [M]. 北京：中国水利水电出版社，2016.

[10] 程湘清，何乐士. 应用语言学新论 [M]. 北京：当代世界出版社，2003.

[11] 丁石庆，周国炎. 语言学及应用语言学研究生论坛2014 [M]. 北京：中央民族大学出版社，2015.

[12] 范俊军，肖自辉. 生态语言学文选 [M]. 广州：广东人民出版社，2018.

[13] 冯广艺. 语言生态学引论 [M]. 北京：人民出版社，2013.

[14] 高素珍，刘海燕. 应用语言学综观 [J]. 济南大学学报（社会科学版），2005（05）.

[15] 官群. 心理语言学新进展——兼论对外语教育的启示 [J]. 外语教学理论与实践，2012（03）.

[16] 桂诗春．应用语言学思想：缘起、变化和发展［J］．外语教学与研究，2010，42（03）．

[17] 何莲珍．从引介到创新：中国应用语言学研究四十年［J］．外语教学与研究，2018，50（06）．

[18] 何英玉，蔡金亭．应用语言学［M］．上海：上海外语教育出版社，2005．

[19] 姬建国，蒋楠．应用语言学［M］．北京：中国人民大学出版社，2007．

[20] 雷蕾．应用语言学研究设计与统计［M］．武汉：华中科技大学出版社，2016．

[21] 李倩倩．试析应用语言学理论下的语言教学［J］．科学咨询（教育科研），2020（04）．

[22] 李绍山，李志雪．心理语言学研究在中国的发展：回顾与展望［J］．解放军外国语学院学报，2007（02）．

[23] 李战子．身份理论和应用语言学研究［J］．外国语言文学，2005（04）．

[24] 梁爱民，陈艳．维果斯基社会文化理论混沌学思想阐释［J］．山东大学学报（哲学社会科学版），2013（05）．

[25] 梁丹丹，顾介鑫．神经语言学研究方法与展望［J］．外语研究，2003（01）．

[26] 梁显雁．应用语言学理论下的语言教学研究［J］．语文建设，2017（26）．

[27] 林立，董启明．语言学与应用语言学研究［M］．北京：知识产权出版社，2006．

[28] 刘春燕．第二语言产出的心理语言学研究［J］．解放军外国语学院学报，2015，38（02）．

[29] 刘辉．应用语言学方法导论［M］．哈尔滨：黑龙江大学出版社，2019．

[30] 刘松泉．深入探析应用语言学与语言教学之间的关系［J］．文化创新比较研究，2019，3（13）．

[31] 刘艳春．我国应用语言学研究方法的历史发展［J］．语言文字应用，2010（02）．

[32] 刘艳春．中西应用语言学研究对比分析［M］．北京：商务印书馆，2016．

[33] 刘熠．应用语言学中的质化研究报告：定义、规范与挑战［J］．外语与外语教学，2015（05）．

[34] 刘振聪，刁慧莹．应用语言学前沿研究理论、方法与实践［M］．北京：

旅游教育出版社，2020.

［35］卢植．外国语言学及应用语言学研究［M］．广州：暨南大学出版社，2007.

［36］齐沪扬，陈昌来．应用语言学纲要［M］．上海：复旦大学出版社，2009.

［37］邱质朴．应用语言学的新概念［J］．镇江师专学报（社会科学版），2000（03）.

［38］塞得豪佛．应用语言学中的争议［M］．上海：上海外语教育出版社，2013.

［39］宋晖．试论语言学中的潜显理论［J］．北华大学学报（社会科学版），2002（03）.

［40］孙丰果．中国应用语言学发展的若干问题——文秋芳教授访谈录［J］．外语教学理论与实践，2016（02）.

［41］孙凯元，张焕芹，王澄林．应用语言学导论［M］．沈阳：东北大学出版社，2018.

［42］童之侠．当代应用语言学［M］．北京：中国传媒大学出版社，2016.

［43］王成山，赵桂珍，齐迹．认知语言学与英语语言学的应用学研究［M］．北京：外文出版社，2016.

［44］王初明．我国应用语言学研究在解决问题中前行［J］．外语教学与研究，2018，50（06）.

［45］王海华，梅轩．中介理论研究述评［J］．大连海事大学学报（社会科学版），2013，12（06）.

［46］王立非，文艳．应用语言学研究的多模态分析方法［J］．外语电化教学，2008（03）.

［47］王威．社会文化理论及其应用研究［J］．赤峰学院学报（汉文哲学社会科学版），2018，39（08）.

［48］王永德，盛永生．第二语言习得的中介语理论述评［J］．阜阳师范学院学报（社会科学版），2005（02）.

［49］文秋芳．加速我国应用语言学国际化进程：思考与建议［J］．现代外语，2020，43（05）.

［50］文秋芳．我国应用语言学理论国际化的标准与挑战——基于中国大陆学者国际论文创新性的分析［J］．外语教学与研究，2017，49（02）.

［51］文秋芳．我国应用语言学研究国际化面临的困境与对策［J］．外语与外语教学，2017（01）.

[52] 吴文．社会文化理论与生态语言教学观［J］．天津外国语大学学报，2011，18（03）．

[53] 夏中华，等．应用语言学范畴与现况（下）［M］．上海：学林出版社，2012．

[54] 夏中华．语言潜显理论价值初探［J］．语言教学与研究，2002（05）．

[55] 徐爽．神经语言学视域下二语习得性别差异研究［J］．文化学刊，2018（08）．

[56] 杨延宁．应用语言学研究的质性研究方法［M］．北京：商务印书馆，2014．

[57] 于根元．路途和手段语言学及应用语言学研究方法［M］．北京：中国经济出版社，2004．

[58] 于根元．应用语言学的历史及理论［M］．北京：商务印书馆，2009．

[59] 于根元．应用语言学教程［M］．北京：华语教学出版社，2008．

[60] 俞理明，曹勇衡，潘卫民．什么是应用语言学［M］．上海：上海外语教育出版社，2013．

[61] 张丽霞．现代语言学及其分支应用语言学的理论与实践研究［M］．北京：中国大地出版社，2019．

[62] 张培．应用语言学研究中的混合法［J］．中国外语，2014，11（02）．

[63] 张强，沈兴安，江火．我国神经语言学研究的理论和方法［J］．外语研究，2005（06）．

[64] 张庆宗，吴喜艳．新编应用语言学导论［M］．武汉：武汉大学出版社，2019．

[65] 张庆宗，吴喜艳．应用语言学导论［M］．武汉：湖北教育出版社，2013．

[66] 赵金铭．语言学的理论与应用［M］．北京：商务印书馆，2004．